Carl-Auer

Oliver König • Karl Schattenhofer

# Einführung in die Fallbesprechung und Fallsupervision

Dritte Auflage, 2021

Reihengestaltung: Uwe Göbel
Umschlag: Heiner Eiermann
Satz: Verlagsservice Hegele, Heiligkreuzsteinach
Printed in Germany
Druck und Bindung: Beltz Grafische Betriebe GmbH, Bad Langensalza

MIX
Papier aus verantwortungsvollen Quellen
FSC® C089473

Klimaneutral Papier
ClimatePartner.com/13732-1910-1001

Dritte Auflage, 2021
ISBN 978-3-8497-0182-6 (Printausgabe)
ISBN 978-3-8497-8075-3 (ePUB)


Bibliografische Information der Deutschen Nationalbibliothek:
Die Deutsche Nationalbibliothek verzeichnet diese Publikation in der Deutschen Nationalbibliografie; detaillierte bibliografische Daten sind im Internet über http://dnb.d-nb.de abrufbar.

Informationen zu unserem gesamten Programm, unseren Autoren und zum Verlag finden Sie unter: **https://www.carl-auer.de/**.
Wenn Sie Interesse an unseren monatlichen Nachrichten haben, können Sie dort auch den Newsletter abonnieren.

Carl-Auer Verlag GmbH
Vangerowstraße 14 • 69115 Heidelberg
Tel. +49 6221 6438-0 • Fax +49 6221 6438-22
info@carl-auer.de

# Inhalt

# 1 Einleitung

## *1.1 Fallbesprechungen im Kontext beruflichen Handelns*

Was ist der Fall, was steckt dahinter, und was heißt das für mein Tun? Auf diese drei Fragen versuchen Fallbesprechungen eine Antwort zu geben. Wie sie dies tun, davon handelt dieses Buch. Ein »Fall« ist dann z. B. Folgendes:

> In einer Beratungsstelle eines Trägers der Jugendhilfe möchten in der Teamsitzung zwei Mitarbeiter, eine Frau und ein Mann,[1] mithilfe der Kolleginnen verstehen, warum sie bei der Arbeit mit einer Mutter und ihrem elfjährigen Sohn, der ihr gegenüber massiv aggressives Verhalten zeigt, nicht weiterkommen, warum sie sich in einer solchen Sackgasse erleben.
>
> Der Geschäftsführer eines großen sozialen Unternehmens bringt in einer Supervisionsgruppe für Führungskräfte die Frage ein, warum er bisher eine bestimmte Mitarbeiterin nicht für eine anstehende Veränderung in der Organisation gewinnen konnte; er habe doch alles richtig gemacht und jetzt erlebe er diesen Widerstand.
>
> Eine Beraterin ist damit beschäftigt, warum ihre Klientin, eine mittlere Managerin in einem internationalen Konzern, ihre dritte Coachingsitzung zunächst abgesagt und sich dann gar nicht mehr gemeldet hat, und bringt dies in einer Supervisionsgruppe ein.

Wer professionell mit Menschen arbeitet, stößt immer wieder an Grenzen: Die Arbeit entwickelt sich nicht wie erwartet, stagniert oder bricht ab; die Akteure fühlen sich verwickelt, wissen aber nicht wirklich, wie und warum; Gefühle von Ratlosigkeit, Zweifel an der eigenen Kompetenz, Resignation oder Ärger stellen sich ein. Manchmal mag ein Gespräch mit einer Kollegin zwischen Tür und Angel weiterhelfen. Vielleicht hilft ein Buch über Ablö-

1 Um die Lesbarkeit zu erhalten, aber gleichzeitig im Hinblick auf Geschlecht sprachsensibel zu sein, haben wir uns entschieden, die männliche und weibliche Form jeweils abwechselnd zu verwenden, außer wenn explizit von Männern oder Frauen die Rede ist.

seprozesse bei Scheidungskindern, die nächste Fortbildung über Mitarbeiterführung, eine Studie über Frauen in Führungspositionen oder das abendliche Gespräch mit dem Ehepartner. Ob dabei das zur Sprache kommt, »was der Fall ist«, und brauchbare Ideen entstehen bezüglich dessen, »was dahintersteckt«, bleibt dem Zufall überlassen. Genau darauf zielt eine Fallbesprechung ab: Es wird eine Gesprächssituation geschaffen, in der ein »Fall«, d. h. eine spezifische berufliche Situation in ihrer Besonderheit, besprochen werden kann, damit vor einem erweiterten Verständnis mögliche nächste Schritte und Handlungsoptionen entwickelt werden können.

Entstanden ist die Fallbesprechung in den beruflichen Feldern der Sozialen Arbeit und der Psychotherapie als *Hilfe für die Helfer*. Im Verlauf ihrer Entwicklung und Professionalisierung rückt in diesen Handlungsfeldern die helfende Beziehung selber in die Aufmerksamkeit. Es entsteht eine Beziehungsdiagnostik, die nicht nur auf die Lebenslage der Hilfesuchenden schaut, sondern zugleich die Bedingungen der Hilfe berücksichtigt, ihre institutionelle und organisatorische Rahmung und die konkrete Beziehung zwischen den Professionellen und den Adressaten der Hilfe. Fallbesprechungen sind der Ort, an dem all dies reflektiert werden kann. Begrifflich zu unterscheiden ist die Fall*besprechung* von der (Einzel-)Fall*arbeit* als einem spezifischen Instrument der Sozialen Arbeit.

Parallel zur Professionalisierung der helfenden Berufe dringt seit den 1930er-Jahren psychosoziales Wissens auch in andere berufliche Felder vor. Die anfangs genannte Führungskraft muss sich z. B. Gedanken machen, warum die Vermittlung einer organisatorischen Veränderung an eine Mitarbeiterin nicht gelingt, es reicht nicht, sie einfach anzuordnen. In Zeiten schneller Veränderung müssen die Arbeitsbeziehungen zwischen Vorgesetzten und Mitarbeitern, in Teams und Projektgruppen immer wieder neu gestaltet werden. Auch außerhalb der Sozialen Arbeit etablieren sich damit verschiedene Formen der Fallbesprechung.

## 1.2 Was verstehen wir unter Fall und Fallbesprechung?

Konzeptionell wollen wir das Spezifische von Fallbesprechungen gegenüber anderen Formen der Beratung oder beruflichen Qualifizierung anhand von fünf Kriterien beschreiben. Sie müssen erfüllt sein, damit in unserem Sinne von einem Fall und einer Fallbesprechung gesprochen werden kann.

### Ein Fall wird von jemandem erzählt

Wir haben es immer mit dem Fall einer konkreten Person zu tun, die den Fall zu einem solchen macht. Die jeweilige Geschichte – die Erzählung und Darstellung eines Falles – kann nur in Zusammenhang mit dem Erzählenden gehört und verstanden werden. Professionelle Helfer und Berater und Führungskräfte unterschiedlichster Art wählen aus einer Vielzahl von Personen und Situationen eine besondere aus und bestimmen damit, welchen Ausschnitt ihres beruflichen Handelns sie zum Gegenstand einer Beratung machen wollen. Bei ihrer Darstellung handelt es sich um eine subjektive Beschreibung aus der jeweiligen Perspektive der Erzählenden. Damit wird die Frage hinfällig, ob das Erzählte stimmt oder nicht, »richtig« oder »falsch« sei. Der Fall existiert nicht auf objektive Weise, unabhängig vom Erzähler, sondern nur in Zusammenhang mit ihm. Die Erzählenden gehören zum Fall und müssen beim Versuch, ihn zu verstehen, mit einbezogen werden.

### Die Situation wurde vom/von der Erzählenden selbst erlebt, er/sie ist Teil der Interaktion

Fallbesprechungen sind nur dann sinnvoll, wenn die Falleinbringenden Teil der Situation sind, von der sie erzählen. Sie können dabei unterschiedliche Rollen mit unterschiedlichen Verantwortlichkeiten einnehmen, sei es als Leiterin oder Berater, sei es als Teammitglied, Kollegin, Teilnehmer. Auch können mehrere Personen an einem Fall beteiligt sein. Dann stehen mehrere Erzählungen nebeneinander, die sich ergänzen, aber auch widersprechen können. Es reicht jedoch nicht, wenn die Erzählenden nur Beobachter oder unbeteiligte Augenzeugen waren, über Dritte davon gehört oder davon gelesen haben. Die Erzählenden müssen selbst dabei gewesen sein und über eigenes Erleben und eigene Eindrücke verfügen.

### Ein Fall beinhaltet eine konkrete soziale Situation oder Interaktion

Es bedeutet einen grundlegenden Unterschied, ob man sich bei der Untersuchung sozialer Situationen vom Allgemeinen zum Besonderen oder vom Besonderen zum Allgemeinen bewegt. Schaut man zuerst auf das Allgemeine, so geht es um Klassifizierungen oder Typen von Personen. Bei den Beispielen könnte man folgende Fragen stellen: Wie gehen Vorgesetzte mit dem Veränderungswiderstand von Mitarbeiterinnen um? Wie können sich Eltern gegen gewalttätiges Verhalten ihrer Kinder wehren? Was kann zum Abbruch von Beratungsbeziehungen führen? Eine Fallgeschichte in unserem Sinne beschreibt im Unterschied dazu einen Einzelfall mit konkreten Personen in einer konkreten Situation. Das Besondere und Einzigartige dieser Situation soll untersucht und verstanden werden: Der Geschäftsführer fragt nach dem Umgang mit *dieser* spezifischen Mitarbeiterin bei der anstehenden Veränderung; das Team der Jugendhilfe fragt nach einer *bestimmten* Familie; die Beraterin würde gerne die Situation mit *ihrer* Klientin besser verstehen. Wer, wie in diesen Beispielen, personenbezogene soziale Dienstleistungen erbringt, also professionell als Lehrer, Pädagogin, Therapeut, Führungskraft, Supervisorin arbeitet, hat es immer mit Individuen und Gruppen mit ihrer jeweiligen Geschichte und speziellen Dynamik zu tun. Sie gilt es zu verstehen und zu gestalten. Zwar greifen Professionelle dafür auf ihre jeweiligen Wissensbestände zurück, ihre Professionalität liegt aber gerade darin, ihr Wissen falladäquat umsetzen zu können und die Kluft zwischen Theorie und Praxis immer wieder neu zu überbrücken. Fallbesprechungen sind von zentraler Bedeutung dafür, diese professionelle Fertigkeit zu erwerben, aufrechtzuerhalten und weiterzuentwickeln.

### Die Falleinbringenden haben eine Frage und/oder ein Anliegen

Fälle werden nicht ohne eine Absicht erzählt. In der Arbeitswelt können viele Motive hinter den Erzählungen über berufliche Situationen stehen: die Darstellung der eigenen Leistung und der eigenen Erfolge; das Weitergeben wichtiger Erfahrungen an neue oder unerfahrene Kolleginnen und Mitarbeiter; die Fallübergabe an Kollegen, die einen vertreten oder den Fall übernehmen. Zu einer Fallbesprechung in unserem Sinne wird die Erzählung eines Falles erst durch eine Frage. Die Führungskraft will z. B. herausfinden, ob die Situation für ihn unlösbar ist; die beiden Mitglieder des Jugendhilfeteams wollen verstehen, warum ihre Arbeit mit der Mutter und ihrem Sohn bisher so wenig bewirkt hat, um daraus alternative Vorgehensweisen abzuleiten; die Beraterin möchte klären, was sie selbst dazu beigetragen hat, dass ihre Klientin nicht mehr kommt. Die Frage ist die Einladung an die Zuhörenden, an der Klärung einer Problemsituation mitzuwirken. Die Frage bezeugt, dass die Situation, mag sie auch lange zurückliegen oder schon abgeschlossen sein, die Erzählenden beschäftigt. Wer keine Frage zum eigenen Fall einbringen kann, hat häufig auch keinen Beratungsbedarf, sondern andere Motive, von dem Fall zu erzählen. Die Fragen zum Fall können sich aber im Verlauf der Fallbesprechung verändern. Damit ist sogar zu rechnen. Eine gute Fallbesprechung kann auch darauf hinauslaufen, dass die Falleinbringerin am Ende die Frage formulieren kann, die es zu stellen lohnt.

### Die Erzählung braucht ein Gegenüber

Die Fallerzählung hat nicht nur eine soziale Situation zum Gegenstand, sie ist selber eine. Fallbesprechungen finden auch in vielen dyadischen Beratungsformaten mit nur einem Gegenüber statt. Die bevorzugte Form, um die es in diesem Buch vor allem geht, ist die mit einer Gruppe als Gegenüber. Die Vielfalt von Wahrnehmungen und Beschreibungen und die daraus entstehende Multiperspektivität macht sie als Resonanzraum für Fallbesprechungen besonders gut geeignet. Für die Bearbeitung komplexer Probleme und Fragestellungen braucht es eine angemessene Komplexität des beratenden Systems. In einer Gruppe gibt es zudem bei jeder Interaktion immer die Position einer Dritten, die diese Interaktion beobachten und kommentieren kann, um so die Wahrscheinlichkeit von Reflexivität zu erhöhen. Doch so oder so, in der Dyade wie in der Gruppe kann eine Fallbesprechung nur dann professionell gelingen, wenn der Kontext, in dem sie stattfindet, mitgedacht wird. D. h., eine Fallbesprechung muss beides in den Blick nehmen: den erzählten Fall und die Situation bzw. die Beziehungskonstellation, in der die Erzählung stattfindet. Die Tradition der Fallbesprechung, in die wir uns stellen, versteht dies nicht als notwendiges Übel. Gerade das Auftauchen bzw. die Spiegelung der Falldynamik in der fallbesprechenden Gruppe kann zu einem vertieften Verstehen führen. Wie dies in einer Gruppe geschieht, gesteuert und gestaltet werden kann, davon handelt dieses Buch.

## 1.3 Zum Anliegen dieses Buches

Fallbesprechungen finden in unterschiedlichen Kontexten und Formen statt: als kollegiale Beratung, als Gruppensupervision, als Praxisanleitung für neue oder auszubildende Mitarbeiter, als Fallkonsultation im Gesundheitsbereich etc. In unserem Buch schreiben wir über Fallbesprechungen aus unserer Perspektive als Supervisoren, die für »Beziehungsarbeiter« in den verschiedenen Feldern helfender und erziehender Berufe, für Führungskräfte, Projektleiter, Personalverantwortliche etc. und im Zusammenhang mit der Aus- und Fortbildung von Beraterinnen, Gruppendynamikern und Supervisorinnen über lange Jahre Fallbesprechungen geleitet haben.

Die Begriffe »Fallbesprechung« und »Fallsupervision« liegen eng beieinander. Ersterer betont eher die Feldkompetenz, letzterer die supervisorische Kompetenz für die Dynamik der Besprechungssituation selber. Wir verwenden die Begriffe weitgehend synonym, aber eben unter einer spezifischen Voraussetzung. Zentral für unser Verständnis von Fallbesprechungen in Gruppen ist, dass der Fall aus dem »Dort und Damals« im »Hier und Jetzt« der Gruppe besprochen wird und daher auf die Gruppe *und* den Fall geachtet werden muss. Wollen Fallbesprechungsgruppen beiden Perspektiven gerecht werden, benötigen sie nach unserer Einschätzung eine professionelle Leitung. Alles andere wäre eine Überforderung. Es geht uns im Folgenden darum, das Spezifische dieser Arbeitsform zu beschreiben.

Wir haben vor dem Hintergrund dieser Erfahrungen dieses Buch sowohl für Menschen geschrieben, die als Mitglieder an solchen Gruppen teilnehmen, wie für diejenigen, die Fallbesprechungen leiten oder die dies erlernen wollen, also für Supervisorinnen, für Coachs und für erfahrene Fachkräfte, die z. B. als Praxisanleiterinnen Fallbesprechungen durchführen. Das Verständnis für Leitungsaufgaben und -funktionen ist für alle wichtig, Mitglieder wie Leitung.

Es ist uns ein besonderes Anliegen, eng an der Praxis entlang zu schreiben. Wir wollen beschreiben, was in Fallbesprechungen geschieht – und nicht in erster Linie das, was dort geschehen sollte. Unser Ausgangspunkt ist kein normatives Modell, sondern – wie bei einer guten Fallbesprechung auch – die erlebte Praxis. An konkreten Beispielen soll erläutert werden, wie wir Fallarbeit verstehen und wie man sie gestalten kann. Neben vielen kleineren Fallvignetten im gesamten Text präsentiert daher Kapitel 7 eine Fallbesprechung in einem Team, die mit Tonband aufgenommen und transkribiert wurde. Die Interpretation dieses Materials macht deutlich, wie komplex bei näherem Hinsehen das Geschehen sein kann. Unser Text versucht, Schritt für Schritt auf diese Vielschichtigkeit hinzuführen. Eng an der Praxis entlang zu schreiben ist durchaus konzeptionell voraussetzungsvoll, man braucht ein Konzept für Fallbesprechungsarbeit, um diese Praxis überhaupt untersuchen und beschreiben zu können. In unserem Fall ist dies die Triade von *Gruppendynamik, systemischen Ansätzen und qualitativer Sozialforschung*.

Das Buch ist in einer Form aufgebaut, die es sinnvoll macht, von vorne nach hinten lesen. Wir beginnen mit den historischen und konzeptionellen Wurzeln von Fallbesprechungen und lassen Überlegungen zur Struktur der Beratungssituation folgen, um uns dann den praktischen Erfordernissen und Phänomenen zuzuwenden. Wen einzelne Themen und Fragen interessieren, der schaue bitte in das ausführliche Inhaltsverzeichnis, das dafür die Stichworte bereitstellt.

Zentral für Fallbesprechungen ist die Entwicklung einer forschenden Haltung dem Fall gegenüber; Fallbesprechungen leben von der Neugierde und der Entdeckungslust der Teilnehmenden und ihrer Bereitschaft, sich selber als Teil des Untersuchungsgegenstandes zu verstehen. Eine gute Fallbearbeitung, bei der ein neues, überraschendes Bild der Situation und der eigenen Handlungsmöglichkeiten entsteht, kann dann wie ein kleines Kunstwerk sein, das man beglückt mit in die Praxis hinübernimmt. Fallbesprechungen sind selten langweilig, wenn sich Teilnehmer und Leiter auf eine Forschungsexpedition einlassen, bei der sie einen neuen Kosmos sozialer Realität kennen- und verstehen lernen. Gleichzeitig geht es darum, das Bewusstsein dafür zu schärfen, dass alle Ergebnisse von Fallbesprechungen vorläufig sind.

Es bleibt der Autonomie der Praxis vorbehalten – Klienten wie ihren Helfern, Kunden wie ihren Beraterinnen –, über das Gelingen einer Fallbesprechung zu entscheiden.

Wir danken unseren Kolleginnen Cornelia Edding, Irmengard Hegnauer Schattenhofer und Tomke König für die Kommentare und die fachlichen Diskussionen. Ein Dank gilt auch unseren Erstlesern Ruth Back und Jörg Zimmermann, deren Ideen und Kommentare zu mehr Übersichtlichkeit und Verständlichkeit beigetragen haben.

*Oliver König & Karl Schattenhofer*
*Köln/München, im Juni 2016/März 2021*

# 2 Historische Quellen und konzeptionelle Hintergründe

## 2.1 *Psychoanalyse und Balint-Gruppen*

In Adrian Gärtners historischer Darstellung zur Gruppensupervision (1999, S. 21 ff.) wird eine Arbeit von Sigmund Freud, dem Gründungsvater der Psychoanalyse, als eine Vorform der Fallbesprechung aufgeführt. In der Analyse des kleinen Hans leitet Freud dessen Vater, einen ärztlichen Kollegen, bei der Therapie der Ängste seines Sohnes an. Er lässt sich vom Vater Verhalten und Reaktionen des Sohnes schildern und gibt ihm dann Hinweise für den weiteren Umgang mit dem Sohn. Sicherlich könnte man dies auch als eine frühe Form der Familientherapie mit Vater und Sohn verstehen. Doch »diese merkwürdige Konstellation« gewinnt ihre Bedeutung dadurch,

> »dass Freud die therapeutische Zweipersonenbeziehung um ein Verfahren der indirekten Analyse erweitert hat, das dem Modell der Supervisionsbeziehung bereits weitgehend entspricht« (ebd., S. 21).

In dieser *Therapie zu dritt* bildet sich die *Grundkonstellation einer Fallbesprechung* ab, auch wenn es nicht so genannt wird: das auf professionelles Handeln bezogene Reden über einen abwesenden Dritten sowie über die Arbeitsbeziehung des einen Gesprächspartners mit diesem Dritten.

Im Zuge der Formalisierung der Ausbildung zur Psychoanalytikerin in den 20er-Jahren des letzten Jahrhunderts entsteht daraus die »Kontrollanalyse« mit dem Ziel, die Ausbildungskandidaten in die »richtige« Form der Analyse einzuführen. In ihr müssen angehende Analytikerinnen ihre eigene Arbeit mit einem Patienten einem erfahrenen Kontrollanalytiker vorstellen und sich von ihm beraten und eben auch kontrollieren lassen.

Auch alle weiteren psychotherapeutischen Schulen machten Gruppensupervision, Praxisanleitung und Fallbesprechungen verfahrensübergreifend zum festen Bestandteil ihrer therapeutischen wie beraterischen Aus- und Weiterbildungen. Dort lernen angehende Therapeuten und Beraterinnen, das jeweilige Therapie- oder Beratungskonzept auf den besonderen Einzelfall anzuwenden. Dies geschieht unter der Anleitung von erfahrenen und dazu legitimierten Kolleginnen, die die geschilderten Patienten weder kennen noch mit ihnen direkt zu tun haben.

Mit dem Namen von Michael Balint, einem ungarischen Psychoanalytiker der ersten Stunde, der später in London in der Tavistock-Klinik arbeitete und lehrte, sind die Balint-Gruppen verbunden. Balint berichtet in der Einführung seiner maßgeblichen Publikation zu diesem Thema über ein an der Klinik regelmäßig stattfindendes Forschungsseminar, das sich mit den in der medizinischen Allgemeinpraxis auftauchenden psychologischen Problemen beschäftigte.

> »Eines der ersten Themen, die zur Diskussion kamen, betraf die gebräuchlichsten, vom praktischen Arzt besonders oft verschriebenen Medikamente. Und gewiss nicht zum ersten Mal in der Geschichte der Medizin führte die Diskussion sehr bald zu der Erkenntnis, dass das am allerhäufigsten verwendete Heilmittel der Arzt selber sei. Nicht die Flasche Medizin oder die Tabletten seien ausschlaggebend, sondern die Art und Weise, wie der Arzt sie verschreibe – kürz, die ganze Atmosphäre, in welcher die Medizin verabreicht und genommen werde« (Balint 2019, S. 15),

so sein Motto. Dies brachte ihn zu der Überzeugung, dass der Arzt selber bzw. seine Beziehung zum Patienten das wichtigste Heilmittel sei, eine Haltung die damals wie heute quer zur dominanten Logik des medizinischen Feldes lag und liegt. Für die nach ihm benannten Balint-Gruppen ergab sich daraus die Aufgabe, in einer von einem erfahrenen Arzt geleiteten Gruppe die latenten und unbewussten Themen in der Arzt-Patient-Beziehung herauszuarbeiten und dem jeweils handelnden Arzt bewusst zu machen. Die Gruppenmitglieder wurden aufgefordert, ihre freien Assoziationen zur Verfügung zu stellen, also unzensiert und spontan zu erzählen, was ihnen zur erzählten Situation einfiel. Die so zutage geförderten Ideen sollten ein erweitertes Verständnis ermöglichen dafür, was die Patienten »eigentlich« vom Arzt wollen; z. B., wofür sie ihn halten oder warum sie z. B. mit Abwehr und Widerstand auf die Behandlung reagieren. Balint machte bei dieser Arbeit die Erfahrung, dass sich die Dynamik des Falles in der Gruppe spiegelte und genau diese von den Mitgliedern erlebte Resonanz zum Verstehen des Falles und damit als Arbeitsinstrument genutzt werden konnte. Bis heute ist dieses Vorgehen mit Michael Balint verbunden, und die meisten Konzepte von Fallbesprechungen in Gruppen und Gruppensupervision beziehen sich auf diese Tradition (vgl. Mattke 2006; Rappe-Giesecke 2009; Weigand 2015). In seiner weiteren Entwicklung wurde das Arbeitsmodell der Balint-Gruppe als Ort der Reflexion professioneller Beziehungen auf andere Berufsgruppen ausgeweitet: auf Lehrer, Sozialarbeiter, Psychologen, aber auch auf Juristen und Theologen. Selbst für Führungskräfte und Manager gibt es vereinzelt Balint-Gruppen.

Mit der Ausweitung auf andere Zielgruppen erweiterte und veränderte sich das Konzept. Ursprünglich wurde das gesamte Geschehen in der Balint-Gruppe vor dem Hintergrund eines Falles und der Dynamik der helfenden Beziehung interpretiert. Eine distanzierte, kühle Atmosphäre während der Besprechung in der Gruppe wurde dann z. B. als Hinweis angesehen, dass es zwischen Arzt und Patient ähnlich kühl und distanziert zuging. Dass dies durchaus auch mit der Situation in der Fallbesprechungsgruppe zu tun haben konnte, z. B. mit Konkurrenz unter den Kollegen und Kolleginnen eines Teams, wurde erst mit dem Aufkommen und der Verbreitung gruppendynamischer Ansätze in den 1970er-Jahren mit in die Betrachtung einbezogen. In einer nächsten Konzepterweiterung fand dann – neben Beziehungsdynamik und Gruppendynamik – auch der Einfluss des weiteren Kontextes Beachtung, z. B. die Dynamik einer Organisation mit ihren Rollen, Normen und ihrer Kultur. Die Interpretationsebenen wurden vielfältiger, die entsprechenden Konzepte zur Fallbesprechung komplexer.

## 2.2 Soziale Arbeit und Supervision

Schon früher und unabhängig von Psychoanalyse und Psychotherapie entwickelte sich eine Tradition von Fallarbeit und Fallbesprechung in der sozialen Arbeit. Die Methode des *Casework*, verstanden als eine gezielte Hilfe für einzelne Familien und ihre Kinder, und eine darauf bezogene Anleitung durch Supervisoren entstand zu Beginn des 20. Jahrhunderts in den USA. Eine Pionierin war Mary Richmond mit ihrem 1917 veröffentlichten Buch *Social diagnosis*. Zentral für die von ihr propagierte psychosoziale Betrachtungsweise war eine Verschränkung von individuellen Faktoren und Umweltfaktoren. In der praktischen Umsetzung bedeutete dies, dass freiwillige und ehrenamtliche Helferinnen als »friendly visitors« (freundliche Besucher) in Not geratene Familien aufsuchten, ihre Situation untersuchten und ihnen Hilfe anboten. Diese Ehrenamtlichen sollten durch hauptamtliche, besser ausgebildete Sozialarbeiterinnen in ihrer Arbeit angeleitet, unterstützt, kontrolliert und supervidiert werden. Das bevorzugte Medium dafür waren Fallbesprechungen und Praxisanleitung. Diese Unterstützung sollte die Ehrenamtlichen dauerhaft für ihre Arbeit motivieren. In Deutschland wurde die am Einzelfall orientierte Sozialarbeit insbesondere durch die Veröffentlichungen von Alice Salomon befördert (vgl. z. B. 1926; vgl. auch Althoff 2020, S. 39 ff.; Belardi 1994, S. 33 ff.; Müller 2013, S. 22 ff.).

Die Weiterentwicklung von sozialer bzw. *sozialpädagogischer Diagnose* beschäftigt die Sozialarbeit und ihre Leitwissenschaften bis heute. Konzeptionell unterscheiden lassen sich klassifizierende Ansätze, die den einzelnen Fall bestimmten diagnostischen Kategorien zuordnen, um so zu einem Fallverständnis zu kommen, sowie rekonstruktive Ansätze, die den Fall aus seiner eigenen Logik und Dynamik zu verstehen versuchen. In der Praxis finden sich viele Kombinationen beider Vorgehensweisen, die zusätzlich davon profitieren, wenn sie in einer Gruppe durchgeführt werden. So schreibt auch der Gesetzgeber im Kinder- und Jugendhilfegesetz bei der Hilfeplanung und der Hilfeentscheidung das »Zusammenwirken mehrerer Fachkräfte« gemäß § 36 Abs. 2 SGB VIII vor. Man ist also offensichtlich davon überzeugt, dass durch die Beteiligung mehrerer Fachkräfte bessere Planungen und bessere fachliche Entscheidungen zustande kommen als durch Einzelne (vgl. Ader u. Schrapper 2020). Häufig wird dieses Zusammenwirken bei Fallbesprechungen oder kollegialen Beratungen organisiert.

Parallel zu dieser Entwicklung sind im deutschsprachigen Raum aus der fallbezogenen Praxisanleitung und Praxisberatung die *Supervision* und vor allem die *Gruppensupervision* hervorgegangen. Zunächst wurde diese Tätigkeit weitgehend noch von erfahrenen Sozialarbeitern ausgeübt. Erst ab den 1970er-Jahren entstanden eigene Ausbildungsgänge, die die Praxisanleiterinnen besonders qualifizieren sollten. Das sich allmählich professionalisierende Format »Supervision« bediente sich dabei unterschiedlicher Verfahren, z. B. Psychoanalyse, humanistischer Psychologie, angewandter Sozialpsychologie und Gruppendynamik sowie systemischer Ansätze oder integrierte sie in unterschiedlichen Kombinationen zu einem Arbeitsmodell. 1989 wurde von den Trägern der entsprechenden Weiterbildungen die Deutsche Gesellschaft für Supervision und Coaching e. V. (DGSv) gegründet, die zum führenden Fach- und Berufsverband für Supervisoren und Supervisorinnen wurde. Während anfangs Gruppensupervision und Fallbesprechungsarbeit in der fachlichen Diskussion im Vordergrund standen (vgl. z. B. Gärtner 1999; Rappe-Giesecke 2009), gelangten später zunehmend Team- und organisationsbezogene Supervision in die Aufmerksamkeit. Fallbesprechungen gehören zwar weiterhin zum Grundrepertoire von Supervision, aber als eigene Form fanden sie wenig Aufmerksamkeit.

Seit den 1990er Jahre entstanden viele Konzepte *kollegialer Beratung*, auch als Intervision, kollegiale Supervision oder kooperative Beratung bezeichnet. Ohne die Begleitung einer externen Leiterin beraten und unterstützen sich Therapeuten, Sozialpädagoginnen, Lehrer, Führungskräfte, Projektleiterinnen, Personal- und Organisationsentwickler etc. gegenseitig bei ihrer Arbeit. Die entsprechenden Publikationen formulieren zumeist einen Leitfaden oder ein Ablaufschema, nach dem Fälle ohne fachliche Leitung bearbeitet werden können. Die Konzepte sind zwar auf die Bearbeitung beruflicher Problemsituationen ausgerichtet, der jeweilige Fall als selbst erlebte berufliche Interaktion wird in den Darstellungen aber kaum erwähnt. Im Zentrum stehen mit ihren Fragen die Professionellen selbst, das Verstehen der jeweiligen Klienten tritt in den Hintergrund. Zumeist gibt diese Literatur zwar Auskunft darüber, wie man bei der Beratung in der Gruppe vorgehen sollte, was man bei der Gestaltung berücksichtigen sollte und welche Methoden man anwenden kann. Wie in diesen Gruppen tatsächlich gearbeitet wird, erschließt sich den Leserinnen aber wenig bis gar nicht (vgl. z. B. Schlee 2019; Mutzek 2014; Tietze 2010b; Lippmann 2013).

## 2.3 Qualitative Sozialforschung und Fallbesprechungen

Schon in den genannten Traditionen von Psychoanalyse und Sozialer Arbeit ging und geht es um *methodisch kontrolliertes Fremdverstehen.* Entscheidende Entwicklungsimpulse für eine theoretische und konzeptionelle Weiterentwicklung ergaben sich seit den 1960er-Jahren durch die Ausformulierung eines *interpretativen Paradigmas* (vgl. Arbeitsgruppe Bielefelder Soziologen 1981) in den Sozialwissenschaften, durch das die *qualitative Sozialforschung* entscheidende Impulse bekam (vgl. Althoff 2020, S. 272 ff.). Das qualitative Forschungsverständnis und die damit verbundenen Methoden der Datenerhebung und Dateninterpretation helfen dabei zu verstehen, was bei Fallbesprechungen geschieht.

Genauso wie eine Fallbesprechung zielt qualitative Forschung darauf ab, den *Sinn eines Einzelfalles* zu rekonstruieren. Im Unterschied zur Fallbesprechung tut sie dies aber in der Absicht, über den Einzelfall hinausgehende (theoretische) Aussagen über die zugrunde liegende Strukturiertheit sozialer Praxis zu formulieren. Fallbesprechungen verallgemeinern nicht, höchstens insoweit, als geprüft wird, was aus dem Verständnis des einen Falles eventuell für das Verständnis anderer ähnlicher oder kontrastierender Fälle gewonnen werden kann.

Fallbesprechungen und qualitative Forschungsdesigns zielen beide auf die *Analyse von sozialen Praktiken und sozialem Handeln* ab. Beide bedienen sich dabei bereits vorliegender Daten (z. B. Dokumenten und Schriftstücken jeglicher Art), oder sie erheben diese Daten in irgendeiner Weise (z. B. in Interviews und/ oder durch Beobachtungen). In der qualitativen Sozialforschung werden am häufigsten Texte ausgewertet, die aus der Abschrift von Tonaufnahmen entstanden sind: Aufnahmen von Interviews, Gruppendiskussionen, Therapie- und Beratungssitzungen oder auch Fallbesprechungen. Qualitative Forschung schafft dadurch *Distanz zur untersuchten sozialen Praxis.* Der Forschende, der dieses Material auswertet, muss selber gar keinen Kontakt zur Praxis gehabt haben, auch ist der Untersuchung keine enge zeitliche Grenze gesetzt, die interpretative Bearbeitung kann in mehreren Durchgängen erfolgen.

Eine Fallbesprechung schafft ebenfalls Distanz zu der untersuchten sozialen Praxis durch ein abgegrenztes Beratungssystem, in dem aber ein Teil der zu untersuchenden Praxis, nämlich die falleinbringende Person, enthalten ist (vgl. Kap. 3). In einer Fallbesprechung geht es darum, Ideen zu entwickeln, wie es weitergehen soll mit und in der untersuchten Praxis. Der *Prozess der Rückkoppelung mit der Praxis* beginnt noch in der Untersuchungssituation selber, während er sich in einem wissenschaftlichen Forschungskontext über Jahre erstreckt – wenn der Prozess denn überhaupt stattfindet.

So gesehen, sind Fallbesprechungen in ihren Ansprüchen bescheidener als Forschung – und als Forschungssituation zugleich komplexer. Denn anders als im Studierzimmer der Forschung bleibt das Material nicht brav als Text auf dem Papier, sondern die Daten können einem schon einmal um die Ohren fliegen, manchmal kann sogar der Forschungsgegenstand in Person des Falleinbringers unmittelbar Widerspruch gegen die Ergebnisse einlegen. Auch die qualitative Forschung sucht gegebenenfalls eine Rückkoppelung ihrer Ergebnisse mit der Praxis, *kommunikative Validierung* genannt; die gewonnenen Hypothesen werden den untersuchten Personen vorgelegt und mit ihnen diskutiert, die Ergebnisse in dem dann wieder getrennten Forschungskontext verarbeitet. In einer Fallbesprechung geschieht diese kommunikative Validierung prozesshaft, d. h. von Anfang an und ständig. Untersuchungsobjekte sind immer zugleich auch Untersuchungssubjekte. Fallbesprechungen stehen damit in der Tradition der Aktionsforschung (Moser 1978).

Die Vor- und Nachteile dieser Nähe-Distanz-Regulierung bei Fallbesprechungen liegen auf der Hand. Sie sind in der Gefahr, an der Überkomplexität ihrer Forschungssituation zu scheitern. Die Falldynamik kann sich im Prozess ihrer Untersuchung unbesehen und unverstanden fortsetzen. Die durch den Fall freigesetzten Gefühle können eine reflexive Distanz zur Praxis erheblich erschweren.

Die Auseinandersetzung mit den auftauchenden Gefühlen gehört in der Fallbesprechung zum Konzept, weil Fallbesprechungen *in der Praxis für die Praxis* arbeiten und Emotionalität nun einmal ein zentraler Bestandteil dieser Praxis ist. Sie kann dabei auf eine eigene praxiswissenschaftliche Tradition zurückgreifen, insbesondere aus der Sozialen Arbeit, der Psychoanalyse und der Aktions- und Handlungsforschung (Wensierki 1997). Gelingt es mit diesen methodischen Hilfen, die auftauchenden Emotionen für ein Verständnis des Falles zu nutzen, entsteht ein echter Mehrwert.

Qualitative Methoden wiederum sind heute aus der Erforschung psychosozialer Praxis, sei es Beratung, Psychotherapie oder Supervision, nicht mehr wegzudenken. Zunehmend werden sie von Praktikern dafür genutzt, die eigene Arbeit nochmals besser und anders zu verstehen. Mithilfe von Bandaufnahmen bzw. der Abschriften dieser Aufnahmen und der Interpretation dieses Materials mit den Mitteln der qualitativen Sozialforschung kann man ausgezeichnet dem komplexen Geschehen in Fallbesprechungen auf die Spur kommen. In Kapitel 7 werden wir das beispielhaft vorführen.

## 2.4 Grundprinzipien qualitativer Forschung und ihre Bedeutung für Fallbesprechungen

Wenn von qualitativer Forschung, vom qualitativen oder interpretativen Paradigma, von rekonstruktiver Sozialforschung (Bohnsack 2021; Mayring 2016) die Rede ist, dann ist eine Vielzahl von sozialwissenschaftlichen Traditionen und Ansätzen angesprochen. Über alle Unterschiede hinweg gibt es geteilte Prämissen, die wir im Folgenden auf Fallbesprechungen übertragen wollen. Wir finden hier eine Antwort auf die Frage: Was wird verstanden, wenn in einer Fallbesprechung die Erzählung des Falleinbringenden untersucht und vervollständigt wird?

Ausgangspunkt ist die Annahme, dass die Menschen im Alltag die Umwelt und Mitwelt um sie herum in einem ständigen Prozess interpretieren und deuten. Dies folgt den Annahmen eines *sozialen Konstruktivismus* (grundlegend dazu Berger u. Luckmann 2013), weil uns die Welt nie unmittelbar zugänglich ist, sondern wir sie in unserer jeweiligen Wahrnehmung erst zu dem machen, was sie dann für uns ist. Wir tun dies aber nicht beliebig, sondern greifen dazu auf die Kategorien, Begriffe, Muster, Regeln etc. zurück, die uns unsere jeweilige gesellschaftliche Umwelt zur Verfügung stellt. Wir nutzen nicht nur unsere individuellen Vorerfahrungen, sondern über eingespeichertes Wissen auch die Erfahrungen unserer Mitwelt, d. h. unseres sozialen und kulturellen Umfeldes, in dem wir aufgewachsen sind, inklusive der Generationen vor uns. Dieses praktische Wissen ist den Handelnden zumeist nicht reflexiv zugänglich, es bleibt implizit. Sie folgen diesem Wissen, ohne es benennen zu können, so wie wir auch sprechen, ohne uns über die zugrunde liegende Grammatik Gedanken zu machen.

Der Verstehensprozess befasst sich also mit einem immer schon verstandenen Gegenstand, in der Sprache der qualitativen Forschung: mit *Konstruktionen ersten Grades*. Die Fallarbeit hat es mit Menschen zu tun, die sich ihrerseits einen Reim auf die Dinge gemacht haben, auch wenn er manchmal auf den ersten Blick absonderlich anmutet. Wenn man versucht, die Sinnhaftigkeit dieses alltagspraktischen Verstehens zu rekonstruieren, also seinerseits in seiner Logik zu verstehen, warum eine Person etwas gerade so versteht, wie sie es versteht, und nicht anders, so spricht man von *Konstruktionen zweiten Grades*.

Um sie zu rekonstruieren, arbeitet man systematisch die *Kontextualität* von Daten, Informationen und Erzählungen heraus, indem man danach fragt, vor welchem Hintergrund die gemachten Aussagen, d. h. die Konstruktionen ersten Grades, überhaupt erst einen Sinn ergeben.

Der Verstehensprozess zielt darauf ab, die Menschen in ihrer *Ganzheit* zu erfassen und nicht vorschnell einzelne Aspekte zu isolieren. Dem analytischen Denken, d. h. dem Zerlegen in einzelne Bereiche und Themenfelder, tritt eine ganzheitliche Betrachtung an die Seite, die das so Getrennte wieder zusammenführt. Eine untersuchte Person ist zudem immer auch in ihrer *Historizität* zu sehen, in ihrem biografischen Lebensvollzug und Gewordensein, eingebettet in eine spezifische soziale, kulturelle und historische Lebenslage. Dieser Blick in die Vergangenheit verbindet sich mit der *Annahme einer prinzipiell offenen Zukunft*, selbst wenn sie in vielerlei Hinsicht eingeengt erscheint. Der Verstehensprozess arbeitet daher auch nicht mit der Idee allgemeingültiger sozialer Gesetzmäßigkeiten, sondern bevorzugt die Vorstellung, dass unser Denken und Handeln von *Regeln und Strategien* geleitet ist, die situationsspezifisch zur Anwendung kommen. Sie gilt es zu verstehen.

Damit man diesen Grundannahmen im Verstehensprozess gerecht werden kann, wird seine *Offenheit* zum leitenden Prinzip. Die Forschenden gehen in einen *discovery mode*, in eine *ent-*

*deckende Haltung*, die den untersuchten Personen gegenüber eingenommen wird. Damit ein Fall in seiner Eigenheit zur Darstellung kommen kann, wird daher eine Gesprächssituation geschaffen, in der die Falleinbringenden erzählen können, was und wie sie es wollen und können, sodass sich ihre Art der Darstellung des Falles entfalten kann. In der Anfangsphase der Erzählung z. B. sollte es daher möglichst wenige Unterbrechungen geben. Die *Kunst des Fragens*, die in der qualitativen Forschung zu sehr ausdifferenzierten Frageformen geführt hat (vgl. Helfferich 2021, S. 90 ff.), ist in der Fallbesprechung von großer Bedeutung. Es kommt darauf an, möglichst wenige Unterstellungen und Vorannahmen in den Fragen zu verpacken. Die Erzählenden sollen vielmehr anregt werden, die eigene Erzählung zu ergänzen, sie mit weiteren Details und bislang nicht berücksichtigten Aspekten zu versehen.

Was die an Fallbesprechungen Teilnehmenden von qualitativer Forschung insbesondere lernen können, ist das Gestalten von Interviews, speziell anhand des narrativen Interviews (Mayring 2016, S. 54 ff.). Dieses Interview zeichnet sich dadurch aus, dass eine Eingangsfrage formuliert wird, die konkret genug ist, damit eine Antwort erfolgt, aber offen genug, sodass die befragte Person möglichst wenig festgelegt wird, in welcher Art sie antwortet. Die Kunst des Interviewenden besteht darin, diesen Erzählstimulus aufrechtzuerhalten.

## 2.5 Hypothesenbildung unter Handlungsdruck

Ziel und Zweck von Fallbesprechungen und qualitativer Sozialforschung ist zuallererst die Entwicklung von Hypothesen zum Fall, also das *Fallverstehen*. Ungleich der Situation qualitativer Forschung steht sie dabei aber zumeist unter dem Druck, vor dem Hintergrund dieses neuen Verständnisses auch neue *Handlungsoptionen* für die falleinbringende Person zu entwickeln. Diese beiden Ziele in Einklang zu bringen ist in Fallbesprechungen eine Aufgabe eigener Art. Schiebt sich der Handlungsdruck zu sehr in den Vordergrund, verliert die Fallbesprechung gerade die Distanz zur Praxis, die es für ein neues Verständnis braucht. Wird die Handlungsebene zu sehr vernachlässigt, wird der Falleinbringer mit seinem Handlungsdruck alleine gelassen und damit die Zweckmäßigkeit der Fallbesprechung infrage gestellt.

Eine Konsequenz des stärkeren Handlungsdrucks bei Fallbesprechungen ist es, dass sie in ihrer Rekonstruktionsarbeit stärker als qualitative Forschungsansätze auf bestehendes Wissen zurückgreifen (müssen). Je mehr und je früher dies getan wird, umso mehr bewegen sich Fallbesprechungen im Rahmen eines klassifizierenden Verfahrens. In der sozialpädagogischen Diagnostik, einem der klassischen Anwendungsfelder von Fallbesprechungen, wird diese Unterscheidung zwischen rekonstruktiven und klassifizierenden Verfahren seit vielen Jahren diskutiert (Ader u. Schrapper 2020). Während Erstere strikt am Material entlang ihre Hypothesen zu entwickeln versuchen, arbeiten Letztere mit festen Rastern, z. B. mit Erhebungsbogen und diagnostischen Schemata. Sie erleichtern, gerade unter Zeitdruck, eine erste Einschätzung, bringen relevante Fragen ins Blickfeld. Zugleich sind sie immer in der Gefahr, das Besondere eines Falles zu verfehlen. Für Fallbesprechungen bedeutet dies, dass eine jeweils passende Balance gefunden werden muss zwischen der *Arbeit am vorliegenden Material* und dem *Rekurs auf Wissensbestände*, vor deren Hintergrund dieses Material interpretiert werden kann.

Eine Hypothese ist zunächst einmal eine Behauptung, die am Material entlang entwickelt wird, wie wir dies in Kapitel 7 vorführen werden. D. h., Hypothesen beziehen sich auf reale und empirisch zugängliche Sachverhalte. Durch das Hinzuziehen von weiterem Material und die Kontrastierung mit alternativen Hypothesen werden sie fortlaufend geprüft. Fälle entwickeln sich häufig gerade dann problematisch, wenn die Beteiligten nicht in der Lage sind, eine einmal formulierte Hypothese auch wieder fallen zu lassen, bzw. alle neuen Informationen nur noch vor dem Hintergrund einer einmal gefassten Meinung bewerten. Die Sozialpsychologie der sozialen Wahrnehmung hat diese Effekte detailliert beschrieben (Martin u. Wawrinowski 2014). Bei der *Hypothesenbildung als Konstruktionen zweiter Ordnung* sollten sich die Beteiligten daher der *prinzipiellen Vorläufigkeit* von Hypothesen bewusst bleiben.

Gute Hypothesen sind so kurz wie möglich und so lang und differenziert wie nötig. Sie sollten sprachlich prägnant sein und verständlich formuliert. Sie sollten keine Allgemeinplätze beinhalten und nicht einfach Tatsachenbehauptungen oder Fakten aneinanderreihen. Gute Hypothesen sollten sachlich formuliert sein und zur Diskussionen anregen, in denen sie abgewogen, überprüft, erweitert, präzisiert oder auch verworfen werden können.

Verstehensebene und Handlungsebene stehen in einem Verhältnis gegenseitiger Wechselwirkung, was im Blick behalten werden sollte. Hypothesen implizieren sowohl in der Wahl der Ebene wie in ihrer Formulierung häufig Handlungsoptionen bzw. legen sie nahe. Umgekehrt, wenn bestimmte Handlungsoptionen von vorneherein ausgeschlossen werden oder der Verfügungsmacht der handelnden Personen entzogen erscheinen, bleiben diese Bereiche eventuell schon im Verstehensprozess ausgeblendet.

Bei einer Fallbesprechung, bei der es um eine Wohngruppe mit Jugendlichen und jungen Erwachsenen mit emotionalen Auffälligkeiten insbesondere autistischer Art ging, wurde ein Mädchen von ca. 15 Jahren mit der Diagnose Asperger-Syndrom vorgestellt, die mit ihrem häufig aggressiven Verhalten die Gruppe stark dominierte. Die Mitarbeiterinnen richteten ihre Aktionen weitgehend darauf aus, alles zu unterlassen, was dieses Mädchen in einen Erregungszustand bringen könnte. Dabei beschlich sie konstant ein schlechtes Gewissen, dass dies auf Kosten der anderen Gruppenmitglieder gehe, die weniger Aufmerksamkeit bekämen bzw. sich unterordnen müssten. Im Verlauf der Informationserhebung wurde deutlich, dass dieses Muster der Dynamik ihrer Herkunftsfamilie folgte, in der die Eltern ebenfalls alles unternommen hatten, um Krisen dieser Art zu verhindern, dort auf Kosten eines Geschwisterkindes. Als dies, auch vor dem Hintergrund eines Paarkonfliktes der Eltern, nicht mehr tragbar erschienen war, erfolgte der Umzug in die Wohngruppe, wo sich schnell das gleiche Verhaltensmuster einspielte. Verstärkt wurde dies durch die damalige Teamsituation, da mehrere Positionen neu besetzt worden waren durch junge und noch wenig berufserfahrene Mitarbeiterinnen. Wie schon in der Familie verstellte nun auch im Team die Erklärung der Verhaltensauffälligkeiten vor dem Hintergrund der Asperger-Diagnose den Blick darauf, dass das Verhalten des Mädchens durch seinen Erfolg massiv belohnt und stabilisiert worden war und sich dies nun in der WG fortsetzte. Auf meine Frage, ob es eine (konzeptionelle)

Vorstellung davon gäbe, wann eine Grenze erreicht sei, sodass ein Jugendlicher eventuell nicht mehr in der Einrichtung gehalten werden könne, antworteten die beiden Falleinbringerinnen, darüber könnten sie noch nicht einmal mit ihrer Gruppenleitung sprechen, in der Einrichtung insgesamt sowieso nicht. Vor diesem Hintergrund erschien es ihnen das kleinere Übel, die Auffälligkeiten des Mädchens weiter zu ertragen. Das Wissen, dass das Mädchen die Gruppe aufgrund der Altersstruktur der Gruppe in etwa einem Jahr verlassen würde, erleichterte ihnen dies. Die Einschränkung des Verstehensprozesses vor dem Hintergrund der angenommenen und ausgeschlossenen Handlungsoptionen hatte einen Preis für alle Beteiligten, für das Team, für die anderen Kinder in der Gruppe und für das Mädchen selber, das in seinem Verhaltensmuster weiter bestärkt wurde.

Je stärker eine Hypothese zum Fall auf eine Handlungsoption hinzuweisen scheint, umso mehr sollte man darauf achten, auch alternative Erklärungen und die mit ihnen jeweils verbundenen Konsequenzen zu bedenken. Werden bestimmte Handlungsebenen ausgeblendet, hier z. B. aus Angst vor der Reaktion der Gruppenleiterin, kann dies massiv den Verstehensprozess behindern. In letzter Konsequenz heißt dies, dass der Verstehensprozess Vorrang vor der Entwicklung von Handlungsoptionen hat. Wird er dem Handlungsdruck geopfert, wäre der Fallbesprechung die Grundlage entzogen. Bleibt die Entwicklung einer Handlungsoption aus, mag dies unbefriedigend sein. Es bedeutet aber keinesfalls, dass die Besprechung erfolglos gewesen ist.

Fallbesprechungen sind Teil eines prozesshaften Geschehens, mit einem Vorher und einem Nachher. Es kann gerade ein gutes Ergebnis einer Fallbesprechung sein, die Begrenzung der eigenen Handlungsoptionen hinzunehmen und stattdessen mit dem dadurch sich eröffnenden neuen Verständnis in die Praxis zurückzugehen. Es bleibt dann abzuwarten, was sich durch dieses neue Verstehen verändert.

# 3 Klientensystem, Hilfesystem und Beratungssystem – Funktionen und thematische Grenzen

Wir haben es bei Fallbesprechungen mit drei unterschiedlichen sozialen Systemen zu tun, die sowohl miteinander in Beziehung gesetzt wie auch voneinander abgegrenzt werden müssen. Die Schlüsselperson, die alle diese Systeme miteinander verbindet, ist der Falleinbringer, der als Teil des Hilfesystems seine professionelle Interaktion mit dem Klientensystem zur Beratung in der Gruppe vorstellt.

In einem ersten Schritt werden wir verdeutlichen, was in einer Fallbesprechung geschieht und worauf bei der Gestaltung zu achten ist. Dabei wird deutlich, warum Fallbesprechungen zur Reflexion professioneller Interaktionen notwendig sind. Sie dienen keinesfalls nur dazu, die mangelnde Professionalität der ratsuchenden Person bzw. ein individuelles professionelles Defizit

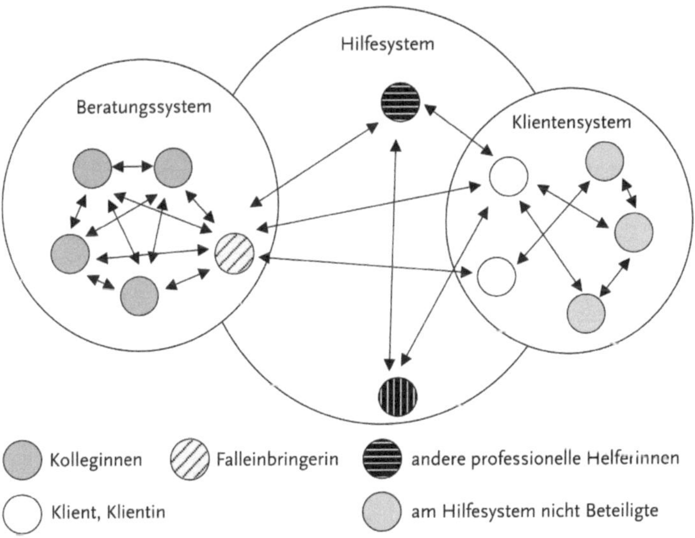


*Abb. 1: Klientensystem – Hilfesystem – Beratungssystem*

auszugleichen (Giesecke u. Rappe-Giesecke 1997, S. 482). Wir sehen Fallbesprechungen als ein zentrales Instrument, professionelles Handeln in helfenden Beziehungen überhaupt zu ermöglichen.

Die zusammenhängenden Systeme kann man schematisch darstellen wie in Abbildung 1.

Frau S. ist Erzieherin in einer Kinderkrippe. In einer Supervisionsgruppe in ihrer Einrichtung – in der sich Erzieherinnen aus verschiedenen Gruppen, die nur zu einem kleinen Teil direkt zusammenarbeiten, alle drei bis vier Wochen für zwei Stunden treffen – stellt sie den dreijährigen Christian vor. Christian wird ganztags in der Kinderkrippe betreut, er hat seit längerer Zeit Karies. Seine Zähne werden immer schlechter, und mittlerweile ist ihr Verfall so weit fortgeschritten, dass er beim Beißen Schmerzen hat. Frau S. ist sehr aufgebracht über die Nachlässigkeit der Mutter, die trotz der mehrmaligen dringenden Hinweise nicht mit Christian zum Zahnarzt geht. Frau S. erwägt mittlerweile, den allgemeinen Sozialdienst einzuschalten, um die gesundheitliche Vernachlässigung von Christian zu beenden. Die Mutter von Christian – so erfährt die Gruppe auf Nachfrage – ist alleinerziehend und hat noch zwei ältere Söhne von sieben und zwölf Jahren. Sie arbeitet zumindest Teilzeit, und einmal hat sie auf die Anmahnung des Zahnarztbesuches geantwortet, sie habe schlimmere Probleme als die Zähne von Christian. Diese Äußerung hat Frau S. besonders erbost.

Frau S. ist die Falleinbringerin; sie ist Mitglied der Supervisionsgruppe, des Beratungssystems und Mitarbeiterin in der Einrichtung der Kinderkrippe, in der das Problem »Schmerzen wegen Karies« auftritt. Im Hilfesystem spielen Frau S., Christian und seine Mutter die Hauptrollen. Christian ist der Klient, seine Mutter die (Mit-)Verursacherin und mögliche Lösung für das Problem und Frau S. die professionelle Pädagogin, die sich zum Handeln gezwungen sieht. Mögliche weitere Mitglieder des Hilfesystems sind die Mitarbeiterin des allgemeinen Sozialdienstes und eventuell andere Erzieherinnen, die mit Christian zu tun haben. Das Klientensystem, die Familie von Christian, erweitert Frau S. noch um die beiden Geschwister von Christian, die aber keine aktive Rolle spielen. Frau S. ist in das pädagogische Team der Kinderkrippe eingebunden, eine Gruppe, die dauerhaft zusammenarbeitet.

In jeder Falldarstellung werden das Hilfesystem und das Klientensystem zunächst von den Falleinbringenden vorgestellt. Welche Personen sie in ihre Darstellung einbeziehen und welche sie außen vor lassen, hängt von ihrer Einschätzung ab.

## 3.1 Das Klientensystem

Im obigen Fall ist Christian der Klient, zu ihm gehört seine Mutter, die ihn in die Kinderkrippe bringt. Ob Mutter und Sohn in einem größeren Zusammenhang – nämlich der Familie mit zwei älteren Geschwistern – gesehen werden, hängt von Frau S. ab, die den Fall »Karies von Christian« entsprechend ihrer persönlichen und fachlichen Sicht versteht und beschreibt. Dabei kann sie wie jede andere professionelle Betrachterin die Grenzen enger oder weiter ziehen und den Ausschnitt der sozialen Umgebung von Christian verkleinern oder vergrößern. Interessant ist in diesem Fall, wie die Familie, das Klientensystem, »tickt«, welche »schlimmeren« Probleme die Mutter hat, sodass sie sich nicht um die Zähne von Christian kümmern kann. Soll sich Frau S. hier einmischen, oder geht sie das nichts an?

Es gilt zu ergründen, welchen Sinn ein problematisches Verhalten im jeweiligen Kontext hat, indem man zu verstehen versucht, welche Regeln für dieses System gelten und welche Grenzen dort gezogen werden. Das Hauptaugenmerk einer Fallbesprechung liegt darauf, sich ein Bild vom Klientensystem zu erarbeiten und zu verstehen, wie es kommt, dass die Beteiligten sich so verhalten, wie sie sich verhalten. Dazu gehört es einerseits, die notwendigen Informationen zu sammeln, und andererseits, sich in die Personen hineinzuversetzen, um ihre Ängste und Wünsche nachzuvollziehen. Mithilfe der Fallbesprechung können die Falleinbringenden überprüfen, ob der von ihnen gewählte Ausschnitt des Klientensystems passend oder zu eng oder zu weit gesteckt wurde.

## 3.2 Das Hilfesystem

Im Hilfesystem treffen Helfer und Klienten aufeinander; zu ihm gehören die, die mit einem Fall und der damit verbundenen

Frage zu tun haben. In das Hilfesystem sind möglichst alle eingebunden, die etwas zur Lösung des Problems beitragen können.

Im obigen Beispiel von Frau S. und der Mutter von Christian ist es noch offen, ob ein solches Hilfesystem überhaupt zustande kommt: Die Mutter entzieht sich bisher den Aufforderungen von Frau S.; Letztere erwägt, eine Gefährdung des Kindeswohles an den zuständigen Allgemeinen Sozialdienst zu melden und die Beziehung einseitig abzubrechen, anstatt an die Nöte der Mutter anzuknüpfen. In diesem System scheint sich der Konflikt aufzuschaukeln und zuzuspitzen.

Das Beispiel zeigt, dass die Helfenden als Teil des Hilfesystems die dort geltenden expliziten und impliziten Regeln nur zum Teil bestimmen können, sie sind auf das Mitwirken der anderen Beteiligten angewiesen und dadurch in das System mit eingebunden. Diese Einbindung vollzieht sich aber nicht nur auf der manifesten Ebene der Handlungen und der professionellen Interaktion. Alle Beteiligten sind den spezifischen Grenzen des Systems ausgesetzt, die bewusst oder eben auch unbewusst mitbestimmen, was in dem System gedacht, gefühlt, besprochen werden kann und was nicht. Jedes System produziert seine eigenen blinden Flecken, und je länger man beteiligt ist, desto selbstverständlicher werden die dadurch geschaffenen thematischen Grenzen.

Eine Helferin, Pädagogin, Therapeutin steckt einen großen Teil ihrer professionellen Aktivität und Aufmerksamkeit in den Aufbau und die Aufrechterhaltung des Hilfesystems. Sie versucht, Beteiligte zu werden, sich zu engagieren und einbinden zu lassen, um etwas bewirken zu können. Sie muss dafür ihre Klienten, Schüler, Patienten da abholen, wo sie sind. Und oft verwickelt sie sich dabei, ohne es zu merken. Im Fallbeispiel wirkt sich dies so aus, dass der Aufbau einer helfenden Beziehung bisher nicht gelungen ist.

Zum Hilfesystem gehören die Helfer mit ihrer Rolle, ihrem institutionellen Auftrag und ihren professionellen Standards. Sie müssen all dies zu den Erwartungen der Klienten in Beziehung setzten, auch bei offensichtlichen Widersprüchen. Die im jeweiligen Fall passende Lösung sollte die Zusammenarbeit an einem gemeinsam vereinbarten Auftrag ermöglichen und den Kampf darum vermeiden, wer bestimmen kann, was geschieht. In unserem Beispiel steht die Auseinandersetzung darüber kurz vor einer Eskalation.

Auf jeden Klienten reagieren Helfer in einer je eigenen persönlichen Weise. Sie freuen sich, regen sich auf, fühlen sich gebraucht, abgelehnt. Gelingt es, diese eigenen Reaktionen zum Verständnis des Gegenübers zu nutzen, so zeigt sich darin eine wichtige professionelle Kompetenz und keine Unfähigkeit, sich genügend zu distanzieren.

Frau S. reagiert empört auf die Mutter von Christian und will ihre Sichtweise mithilfe der kontrollierenden Instanz des Sozialdienstes durchsetzen. Man kann das im Sinne des Kindeswohls für berechtigt halten, zugleich aber wird die dadurch entstehende Distanz zur Mutter zum Problem. So kann Frau S. mit der Mutter von Christian kein Hilfesystem herstellen.

Eine Fallbesprechung beschäftigt sich also nicht nur mit dem Klientensystem, sondern immer auch mit dem Hilfesystem, in das die Falleinbringenden eingebunden sind, d. h., es werden ihre Anteile an dem Zustand des Hilfesystems und der Gestaltung seines Auftrages untersucht, vor allem dann, wenn die helfende Beziehung als zentrales Wirkbündnis (Loer 2013) gestört ist.

## 3.3 Das Beratungssystem – andere thematische Grenzen und Regeln

Die Wirksamkeit von Fallbesprechungen in einer Gruppe entsteht nun genau daraus, dass im Beratungssystem andere thematische Grenzen bestehen und andere Regeln gelten als in den beiden anderen Systemen. In dieser Gruppe kann laut über den Fall gedacht, gefühlt und das ausgesprochen werden, was in den anderen Systemen tabuisiert und ausgeschlossen ist.

Im obigen Fallbeispiel identifizieren sich nach der Erzählung und den Rückfragen einige mit der Falleinbringerin Frau S. und Christian und werden wütend auf die Mutter, die ihr Kind so vernachlässigt. Sie würden wie Frau S. den ASD einschalten, um die Mutter dadurch zum Handeln zu zwingen.

Im weiteren Verlauf der Reflexion äußert eine Kollegin, dass sie, wenn sie sich in die Mutter hineinversetzen würde, schon sehr unter Druck stehen müsste, um bei den Zähnen von Christian so lange zuzusehen. Vielleicht habe die Mutter allerdings wirklich schlimmere Probleme, die sie besonders in Anspruch nähmen. Auf einmal kippt das Bild, und ein anderes entsteht. Die Mutter rückt ins Zentrum der Aufmerksamkeit, und man überlegt, in welcher Situation sie sich wohl befinde. Verständnis entsteht, und für die nächsten Handlungsschritte wird überlegt, wie man mit ihr ins Gespräch kommen und welche Unterstützungsangebote man ihr machen kann, ohne sie weiter unter Druck zu setzen. Die Falleinbringerin überlegt mithilfe der anderen, ob ihre Strenge gegenüber der Mutter auch mit ihren eigenen Gefühlen von Hilflosigkeit zu tun hat.

Diese Methode trägt einer Besonderheit von sozialen – gegenüber technischen – Systemen Rechnung: Jede Diagnose eines sozialen Systems muss die Diagnostizierenden mit einbeziehen und beinhaltet somit immer eine Selbstdiagnose der Helfer im Hilfesystem und im Weiteren der Organisation, in die die Helfenden eingebunden sind.

Die Helfenden müssen Raum bekommen, sich von ihrer Verwicklung distanzieren und die Beziehung zu den Klienten sowie ihre Rolle im Hilfesystem systematisch von außen anschauen zu können. Zur Distanzierung von der engagierten Position dienen zunächst die eigene professionelle Kompetenz, das theoretische Wissen, das praktische Können, das Verstehen der eigenen Person mit ihren blinden Flecken etc., also alles, was man durch eine gute Aus- und Fortbildung, durch Erfahrung und Reflexion in psychosozialen Arbeitsgebieten erwerben kann. Zugleich bedarf es dafür Arbeitsformen, die die Distanzierung systematisch ermöglichen und unterstützen. Die Methode der Wahl ist die Fallbesprechung. Hier darf ungestraft und ohne negative Folgen zur Sprache kommen, was im Hilfesystem oder im Klientensystem möglicherweise verschwiegen wird. Hier darf man Vermutungen anstellen, sich mit den einzelnen Beteiligten identifizieren, ihre (möglichen) Sichtweisen und Gefühle ausdrücken, ohne dies gleich vor den Klientinnen vertreten zu müssen. Hier dürfen die Falleinbringenden ihre eigene Betroffenheit, ihre Fragen und Unsicherheiten, ihre eigenen Reaktionen auf die Klienten zum Thema machen, ohne dass ihnen das als professionelle Unfähigkeit ausgelegt wird. Hier haben auch ihr schlechtes Gewissen und ihre Scham einen Platz, wenn sie den Eindruck haben, Fehler gemacht zu haben.

Damit dies möglich wird, müssen für das Beratungssystem bestimmte Bedingungen gegeben sein. Die Fähigkeit und Möglichkeit einer Gruppe, Fallbesprechungen durchzuführen, hängt von spezifischen Voraussetzungen ab, die es beim Kontrakt (Kap. 4) und der Gestaltung der Arbeit (Kap. 5) zu berücksichtigen gilt. Für eine Fallbesprechungsgruppe ist es eine Aufgabe eigener Art, sich diese Regeln und Vorgehensweisen anzueignen und sie umzusetzen.

## 3.4 Fallbesprechungen über Arbeitsbeziehungen und Organisationsfragen

Fallbesprechungen und Fallsupervisionen werden nicht nur im Feld der heilenden, helfenden und erziehenden Berufe angewandt, sondern zunehmend auch in anderen beruflichen Feldern, und dort insbesondere bei Menschen in Führungsaufgaben, also Vorgesetzten, Teamleitern, Projektleitern, Coachs etc.

> Nehmen wir als Beispiel Herrn A., den Geschäftsführer eines sozialen Unternehmens, der wissen will, warum er seine untergebene Führungskraft Frau B. bisher nicht für eine von ihm geplante Veränderung gewinnen konnte, obwohl er überzeugt ist, bei seinem Vorgehen alles richtig gemacht zu haben. Er muss feststellen, dass im Team der Gruppenleiterin Frau B. große Unzufriedenheit mit seiner Planung herrscht, und er befürchtet, dass sie nicht richtig umgesetzt wird. Erschwert wird seine Situation dadurch, dass der zuständige Abteilungsleiter – der direkte Vorgesetzte von Frau B. – langfristig krank ist und er in der Übergangszeit dessen Funktion mit übernehmen muss.

Herr A. arbeitet zwar in einer Organisation, die soziale Dienstleistungen bereitstellt, aber es geht ihm bei seinem Fall nicht um die Klienten seiner Organisation, sondern um seine Mitarbeiter. Er macht den Konflikt mit seiner Mitarbeiterin B. zum Fall, der sich in der Organisation abspielt, welcher alle Beteiligten gleichermaßen angehören. Wir nennen dies – auch in Ermangelung von Alternativen – das Arbeitssystem, das System, in dem die am Fall Beteiligten zusammenarbeiten. Auch hier werden Beziehungen professionell gestaltet, und beide Seiten können darauf Einfluss nehmen, wenn auch die formale Macht unterschiedlich verteilt ist. Frau B. könnte als Untergebene ihrerseits die Situation mit ihrem Chef in eine Fallbesprechungsgruppe einbringen.

Zum Gegenstand einer Fallbesprechung können auch horizontale Kooperationsbeziehungen in Projektgruppen und Teams werden. In diesem Zusammenhang gibt es also kein Klientensystem, es sind nur zwei Systeme mit eigenen Gesetzlichkeiten zu unterscheiden. Das Beratungssystem und das Arbeitssystem, in diesem Fall die Organisation, in der der Fall eingebettet ist.

Das Beratungssystem sollte möglichst unabhängig vom Arbeitssystem sein, um einen Blick von außen auf den Fall werfen zu können und in anderer Weise über den Fall sprechen zu können, als dies innerhalb des Systems möglich ist (vgl. Abschn. 4.4.).

Der jeweils gewählte Fallausschnitt wird erst einmal vom Falleinbringenden definiert. Er begrenzt den Fallausschnitt – den Ausschnitt des Systems, der seiner Einschätzung nach für das Zustandekommen und die Lösung des Problems von Bedeutung ist. Fallbesprechungen führen häufig dazu, im Verlauf der Bearbeitung den Ausschnitt anders zu wählen, wenn die Wirkung weiterer Personen und Ebenen deutlich wird.

Herr A. kann die Grenzen enger und weiter ziehen, nur einzelne Personen oder auch Gruppen von Personen berücksichtigen, er kann »nur« nach unten schauen oder auch auf die Ebene der eigenen Kollegin und zu den eigenen Vorgesetzten. Er kann den kranken Abteilungsleiter übersehen oder als Teil des Falles ansehen.

Abbildung 2 zeigt, dass schon in kleineren und mittleren Organisationen viele Arbeitsbeziehungen zu verstehen und zu gestalten sind, Arbeitsbeziehungen, die nicht (mehr) dem Prinzip von Befehl und Gehorsam folgen. Der Reflexionsbedarf von Menschen mit Führungsaufgaben hat seit den 1980er-Jahren kontinuierlich zugenommen. Fallbesprechungen werden zunehmend bei der Qualifizierung von Führungskräften eingesetzt, weil Führung in vielen Berufsfeldern nicht mehr als standardisierter Prozess angesehen wird, in dem Vorgesetzte und Mitarbei-

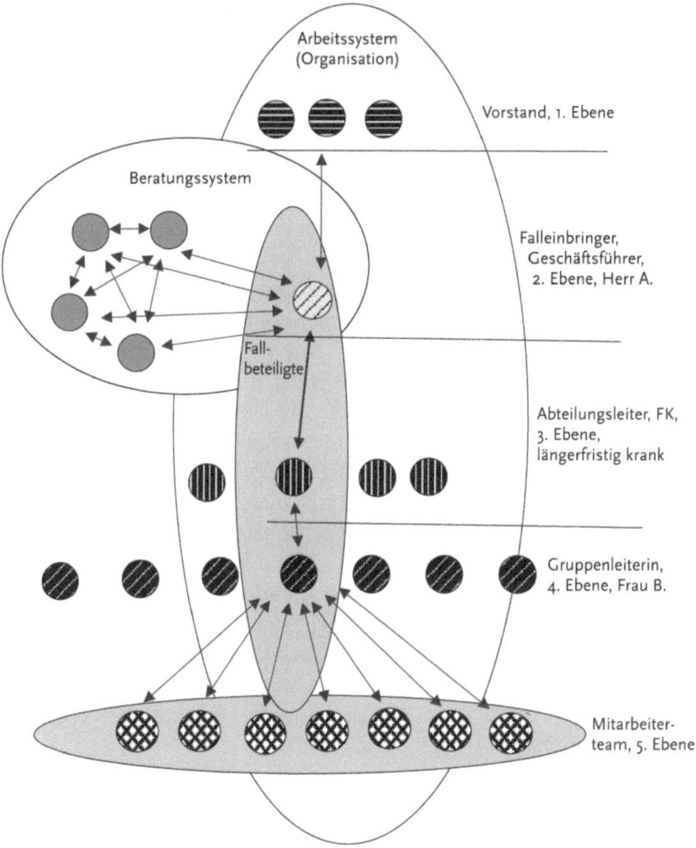


*Abb. 2: Beratungssystem – Arbeitssystem*

ter in ihren Rollen nach festgelegten Regeln und bei weitgehend gleichbleibenden äußeren Bedingungen miteinander interagieren. Führung muss heutzutage Aufgaben, Personen und Teams sowie anstehende Veränderungen jeweils im Einzelfall so zueinander in Beziehung setzen, dass die anvisierten Ziele erreicht werden können. Von Führungskräften werden immer mehr Einzellösungen verlangt, die für die jeweilige Situation passen, und keine Standardlösungen.

# 4 Kontrakt und Setting – Soziale Situation und professionelle Rahmung

Es gibt kaum eine andere berufliche Situation, in der sich die Handelnden derart exponieren wie in Fallbesprechungen. Bei der Darstellung eines Falles werden die Erzählenden sichtbar in ihrem Rollenverständnis, in ihren Stärken und Schwächen, ihren blinden Flecken und dem darin aufgehobenen Potenzial für Verstrickungen. Damit sind Schamgefühle verbunden und die Angst vor dem Scheitern. Beides muss gesehen und benannt werden dürfen, ohne dass die gegenseitige Anerkennung, persönlich wie beruflich, gefährdet ist. Fallbesprechungen setzen unweigerlich, insbesondere in Gruppen, Dynamiken des sozialen Vergleichs in Gange: »Wie gut und kompetent mache ich meine Arbeit, die in der Regel unter Ausschluss der kollegialen Öffentlichkeit stattfindet, im Vergleich zu anderen?« Manchmal fürchtet man sich vor dem fremden Urteil, oft ist aber gerade dies ein Motiv, in eine solche Gruppe zu gehen. Die Möglichkeit, die eigene Fallarbeit mit der von Kolleginnen zu vergleichen und sich ihrer fachlichen Einschätzung auszusetzen, schafft Orientierung und Sicherheit. Der Kontrakt dient dazu, für dieses vielschichtige Vorhaben einen verlässlichen Rahmen zu schaffen.

In diesem Kapitel werden wir zunächst die in jeder Fallbesprechungsgruppe freigesetzte Dynamik unter zwei Gesichtspunkten betrachten: unter dem des angesprochenen Spannungsfeldes von Reflexion und kollegialer Bewertung sowie unter der zugrunde liegenden Dynamik von Geben und Nehmen. Im Anschluss daran beschreiben wir die fünf geläufigsten Settings, in denen Fallbesprechungen stattfinden. Sie unterscheiden sich insbesondere im Hinblick auf ihre institutionelle Einbindung. Abschließend fassen wir die Punkte zusammen, die für einen formalen Kontrakt wichtig sind, und geben Hinweise zur Schweigepflicht.

## 4.1 Die Funktion von Fallbesprechungen zwischen Reflexion und kollegialer Kontrolle

Bevor eine Gruppe sich zu einer ersten Sitzung trifft, ist schon einiges geschehen, was für die weitere Arbeit wichtig sein wird. So muss jemand die Initiative ergriffen haben und der Meinung gewesen sein, dass Fallbesprechungen nötig und sinnvoll seien. Insbesondere im Kontext von Organisationen ist es entscheidend, ob es dort eine fachliche Tradition gibt, in der Fallbesprechungen einen festen Platz haben und als Voraussetzung professioneller Arbeit gelten. Für die meisten Organisationen der Sozialen Arbeit ist dies der Fall. Allerdings stehen auch hier, mit der zunehmenden Berücksichtigung betriebswirtschaftlicher Faktoren, Ausgaben unter erhöhtem Rechtfertigungsdruck. Den unmittelbaren Gewinn von Fallbesprechungen als ein Mittel der Qualitätssicherung nachzuweisen bleibt jedoch schwierig (vgl. Kap. 10). Zugleich stecken soziale Organisationen manche Ressourcen in Dokumentation, Qualitätssicherung und Evaluation, während sie bei der Bewilligung der finanziellen Mittel für Fallbesprechungen eher sparsam agieren. In diesem Fall werden formalisierte Kontrollmechanismen reflexiven Instrumenten vorgezogen. Auf der Seite von Mitarbeitern sozialer Organisationen findet sich manchmal eine umgekehrte Gewichtung. Jede Art der kollegialen Bewertung und Kontrolle wird abgelehnt und ausschließlich die reflexive Funktion von Fallbesprechungen akzeptiert.

Dies zeigte sich auch in einem Erstgespräch in einer Familienberatungsstelle. Bei einer Mitarbeiterin löste es einen massiven Affekt aus, als ich (O. K.) bei der Erläuterung meiner Arbeitsweise den Aspekt der kollegialen Kontrolle durch Fallbesprechungen anführte. Bewertungen, so das heftig vorgetragene Argument, hätten bei Fallbesprechungen nichts zu suchen. Da ich den kommunikativen Ausschluss jeglicher Bewertung nicht für möglich halte, habe ich den Auftrag nicht angenommen.

Mitarbeiter von Beratungsstellen, aber auch andere Angestellte in helfenden Berufen empfinden sich manchmal wie Freiberufler, die sich nur ihren eigenen professionellen Maßstäben verpflichtet fühlen. Vor dem Hintergrund des alltäglichen Arbeitsvollzugs, in dem Beraterinnen auf sich alleine gestellt sind, ist diese Haltung durchaus nachvollziehbar. Doch gerade diese isolierte Arbeitssituation, ob in freiberuflicher oder Angestelltenposition, erfordert es, sich dem kollegialen Austausch zu stellen, sich Rückmeldungen zu holen und sich durch den Vergleich zu orientieren. In der soziologischen Professionstheorie wird einer beruflichen Gruppe gerade dann die Berechtigung zugesprochen, eine Profession im engeren Sinne zu sein, wenn sie bereit und institutionell in der Lage ist, die Maßstäbe guten Handelns eigenständig zu definieren und sich dafür die entsprechenden Strukturen und kommunikativen Räume zu schaffen (Lehmenkühler-Leuschner 1993).

Das angeführte kleine Beispiel verdeutlicht, dass bei der Aushandlung eines Kontraktes weit mehr verhandelt wird als die Fragen von Häufigkeit und Dauer der Sitzungen, Kosten etc. Ein Erstgespräch sollte man dazu nutzen, die Fragen des Vergleichs und der Kontrolle ins Gespräch zu bringen, um die thematischen Grenzen des Rahmenkontraktes zu testen und gegebenenfalls auch zu definieren. Dennoch bleiben immer einzelne Aspekte implizit bzw. müssen prozesshaft immer wieder von Neuem ausgehandelt, bestätigt oder korrigiert werden. Kontrakte müssen in der gemeinsamen Arbeit den erst allmählich sichtbar werdenden Realitäten angepasst werden. Wie dies gelingt und ob ein tragfähiges Arbeitsbündnis zustande kommt, zeigt sich erst in der konkreten Arbeit, z. B. darin, wie bereitwillig von den Gruppenmitgliedern Fälle eingebracht bzw. Fallmaterial zur Verfügung gestellt wird, sowie im Aushandeln eines konkreten Arbeitsauftrages (mehr dazu in Kap. 5).

## 4.2 Geben und Nehmen als soziale Grundkonstellation von Fallbesprechungen

Eine Grundbedingung von Fallbesprechungen stellen die Gegenseitigkeit von Geben und Nehmen dar und die Bereitschaft, wechselseitig die Rolle als Falleinbringer und als Berater einzunehmen. Einzig davon ausgenommen ist die Leiterin der Fallbesprechung. D. h., alle Teilnehmenden sind grundsätzlich in der Lage und bereit, Fälle einzubringen. Das gilt auch für beteiligte Leitungs- und Führungskräfte, die an der Gruppe bzw. an der

Fallbesprechung im Team dann nicht nur als Führungskräfte, sondern immer auch als Fachkräfte und Kollegen teilnehmen. Daraus ergibt sich auch, dass eine Leitungskraft, die nicht mehr an der fachlichen (Fall-)Arbeit beteiligt ist, nicht an Fallbesprechungen des Teams teilnimmt, während dies bei allen anderen Formen der Teamberatung üblich ist.

Sich mit der eigenen Praxis und einer Frage in der Gruppe darzustellen und die Beratung und Unterstützung der anderen einzuholen ist immer mit dem Risiko verbunden, eine Schwäche, ein Defizit zu zeigen – allen anderen Beteuerungen zum Trotz. Dieses Risiko muss gleichmäßig verteilt werden, damit man auf die Dauer gut arbeiten kann. Zugleich stellen die Falleinbringenden mit ihrem Fall den anderen Gruppenmitgliedern Beispiele zu Verfügung, an denen sie etwas für ihre eigene Praxis lernen können. Nicht zuletzt sind sie als Beraterinnen gefragt, die bei dieser Gelegenheit ihre Kompetenzen einbringen und zeigen können. Der Ausgleich von Geben und Nehmen sollte zwar im Kontraktgespräch angesprochen werden, ob er realisierbar ist, stellt sich manchmal erst im weiteren Verlauf heraus.

Ich (O. K.) bekam eine Anfrage für Fallsupervision aus einem Jobcenter, für das ich schon mehrfach tätig gewesen war. Es handelte sich um eine Gruppe von sechs Fallmanagerinnen, die eine externe Qualifikation im Fallmanagement durchliefen, zertifiziert von einer Fachgesellschaft. Sie kamen aus verschiedenen Standorten des Jobcenters, hatten nur bedingt direkt miteinander zu tun, manche kannten sich nur vom Sehen. Alle hatten sich freiwillig gemeldet für den ersten Durchgang dieser Fortbildung. Das zur Verfügung stehende Zeitkontingent für die fallbezogene Supervision (8 x 3 Zeitstunden) war zwar knapp, aber auf den ersten Blick durchaus so bemessen, dass eine sinnvolle Arbeit möglich erschien. Die Treffen sollten in vierwöchigem Abstand stattfinden, damit sie in den zeitlichen Rahmen der Qualifizierung passten. Beim ersten Termin mit der Gruppe wurde schnell Widerstand deutlich, der aus der Vorgeschichte bzw. der institutionellen Rahmung heraus verständlich wurde, die wir gemeinsam in ihrem Ablauf und ihren Auswirkungen rekonstruierten. Alle im Fallmanagement Tätigen mussten die Qualifikation durchlaufen, auch wenn sie die Arbeit schon seit Jahren machten. Viele der Inhalte waren für diejenigen, die aus der Sozialen Arbeit kamen, bekannt. Die hohe finanzielle und zeitliche Investition der Organisation in ihre Mitarbeiter kam daher bei ihnen nicht als Wertschätzung ihrer Arbeit an, sondern tendenziell als Abwertung bzw. erschien mehr von der Organisationslogik bestimmt als vom individuellen Bedarf der Mitarbeiter. Gerade dieser Bedarf hätte natürlich in der Supervision abgedeckt werden können, und Bedarf gab es mehr als genug. Die Klientel der Fallmanager war in den Jahren zurückgehender Arbeitslosigkeit eher schwieriger geworden. Die Vermittlung in den Arbeitsmarkt gelang zuerst für die leichteren Fälle, während die schwierigen Klienten blieben. Dem Einstieg in Fallbesprechungen stand aber nicht nur der beschriebene Ärger entgegen. Dazu kam ein vorsichtiges gegenseitiges Abtasten, das für jede Gruppe in dieser Anfangsphase charakteristisch ist, bei einer institutionsinternen Gruppe nochmals mehr als sonst. Darüber hinaus war die Gruppe innerhalb der Fortbildung in gruppendynamische Prozesse hineingeschlittert, deren Klärung im Fortbildungskonzept keinen Platz gehabt hatte und die daher nicht bearbeitet worden waren. Dies nachzuholen verschlang ebenfalls Zeit, wirkte sich aber positiv auf die Bereitschaft aus, Fälle einzubringen. Zum Ende des gemeinsamen Arbeitsprozesses wurde konstatiert, dass man jetzt richtig anfangen könnte – wenn man denn noch Zeit hätte. Die Ambivalenzen einzelner Gruppenmitglieder bestanden jedoch weiterhin darin, inwieweit sie sich auf Fallbesprechungen einlassen sollten und wollten, die auch sie selbst als Person mit einschloss und sich nicht im Gespräch über die Kunden/Klienten erschöpfte. Es blieb also bis zum Ende schwierig, einen Ausgleich von Geben und Nehmen zu schaffen, sowohl zwischen Gruppenmitgliedern und Organisation wie auch zwischen den einzelnen Gruppenmitgliedern.

Wird in der Arbeit deutlich, dass einzelne Personen keine Fälle einbringen können oder wollen, so sollte dies angesprochen und nach den Gründen dafür geforscht werden. Sie können in der jeweiligen Person liegen, in der Beziehung zu den anderen Teilnehmenden, in der Beziehung zur Leitung, in schlechten Vorerfahrungen mit Fallbesprechungen, in organisatorisch-institutionellen Faktoren. Vieles davon kann man in der Arbeit behandeln, um eine Gruppe bzw. alle ihre Mitglieder arbeitsfähig zu machen. Ist dies nicht möglich, weil auch nach längeren Versuchen sich dafür mit den Beteiligten die Bedingungen nicht erarbeiten lassen oder sie nicht in der Verfügungsmacht der Beteiligten liegen, dann sollte der Kontrakt entsprechend verändert oder auch aufgelöst werden.

## 4.3 Setting I: Fallbesprechung in einer offenen Gruppe – Gruppensupervision

Das Setting einer offenen Gruppe bzw. einer Gruppensupervision (Gärtner 1999; Rappe-Giesecke 2009) wird häufig von Beratern und Supervisoren als Kontrollsupervision genutzt, aber zunehmend auch von Lehrern, Führungskräften und anderen. Ihre besondere Stärke liegt darin, die Fähigkeiten zu Introspektion, Empathie und Perspektivenübernahme zu schulen und gleichzeitig die zugrunde liegende Subjektivität in der Mehrperspektivität der Gruppe zu relativieren und zu überschreiten.

Idealerweise stehen die Mitglieder einer solchen Gruppe in keinem direkten beruflichen Kooperationszusammenhang, sind nicht Mitglieder in der gleichen Organisation und auch nicht privat miteinander befreundet. Die Zusammensetzung erfüllt also die Bedingungen einer »Stranger-Group«, wie dies konzeptionell vergleichbar für gruppendynamische Trainings oder für Gruppenpsychotherapie gilt. Die damit verbundene Anonymität der Teilnehmenden untereinander zielt darauf ab, sich möglichst offen in die Gruppe einzubringen, ohne befürchten zu müssen, dass einen die gegebenen Informationen im eigenen Umfeld schaden können. Themen, die mit Scham, Gefühlen von persönlicher oder fachlicher Inkompetenz verbunden sind, können leichter angesprochen werden, wenn man davon ausgehen kann, dass ich meinem Gegenüber im privaten und beruflichen Alltag nicht begegnen werde – so die zugrunde liegende Annahme.

Angeboten werden solche Gruppen für ca. fünf bis zehn Teilnehmer und Teilnehmerinnen in der Regel von freiberuflichen Supervisoren bzw. Supervisorinnen in ihrer Praxis. Die Modalitäten von Ort, Zeit, Dauer, Frequenz, minimaler und maximaler Größe, Honorar, Ein- und Ausstieg werden in einem Kontrakt vereinbart. Eine Gruppe kann berufsspezifisch angelegt sein –

alle kommen aus dem gleichen oder einem ähnlichen Feld – oder berufsübergreifend.

Solche Gruppen kommen einerseits auf Initiative von Supervisoren zustande, die sie anbieten und Teilnehmer dafür gewinnen. Sie bringen aus ihrer Klientel oder Kundschaft interessierte Personen zusammen. Die Feldzugehörigkeit der Gruppenmitglieder bestimmt sich dann stark über die beruflichen Felder, in denen die Leitung jeweils unterwegs ist. Andererseits kann die Initiative von den Gruppenmitgliedern selbst ausgehen, sie fragen in ihrer beruflich-fachlichen oder privaten Umgebung nach möglichen Teilnehmern und suchen sich eine Supervisorin. Die Bedingungen einer Stranger-Group relativieren sich damit.

Die Arbeitsfähigkeit einer Supervisionsgruppe bemisst sich nicht allein danach, ob sie die idealtypischen Bedingungen für eine entsprechende Arbeitsweise voll erfüllt, sondern danach, ob die Gruppe zusammen mit der Leitung in der Lage ist, die Abweichungen von diesen Bedingungen in ihren Auswirkungen zu untersuchen und eine praktikable Form zu finden, sie zu regulieren. Da die Teilnahme freiwillig ist, sind diese Bedingungen für alle Teilnehmenden ungleich selbstbestimmter als in den anderen noch zu beschreibenden Kontexten.

## 4.4 Setting II: Fallbesprechungen in der Organisation

Fallbesprechungsgruppen in Organisationen werden in der Regel weder von den Teilnehmern noch von der Leitung initiiert, sondern von den in der Organisation zuständigen Abteilungen oder Personen, z. B. dem Personalwesen, der Abteilung für Fortbildung oder Organisationsentwicklung. Wir haben es also mit einem *Dreieckskontrakt* zu tun. Manchmal entstehen solche Austausch-, Supervisions- oder Fallbesprechungsgruppen in der Folge von gemeinsam besuchten Fortbildungen, z. B. für Führungskräfte (vgl. Weigand 2015). Die Teilnehmenden haben sich und die Methode der Fallbesprechung dort kennengelernt und wollen das entstandene Netzwerk weiterpflegen. Auch hierfür bedarf es eines institutionellen Auftrags.

Die Mitglieder einer solchen Gruppe sollten bei der Arbeit nicht unmittelbar miteinander zu tun haben, sie sollten aus unterschiedlichen Bereichen kommen und nicht in einem Vorgesetzten- bzw. Untergebenenverhältnis zueinander stehen. Sie kennen sich manchmal vom Sehen, manchmal gar nicht. In solchen Gruppen kann es um die Arbeit mit Klienten gehen oder um Fragen, die sich aus der jeweiligen Position in der Organisation ergeben, insbesondere um Führung und Kooperation. Es kann ihre Funktion sein, über die Fallbesprechungen den Informationsaustausch und Wissenstransfer zu verbessern. Sie können dazu beitragen, über eine Organisation verteilte Fach- oder Führungskräfte aus ihrer relativen Isolation zu befreien und ihnen kollegialen Austausch und gegenseitige Hilfestellung zu ermöglichen. Über die Expertise der Leitung können Gruppen dieser Art auch Fortbildungsfunktionen bekommen. Da all dies im Rahmen ein und derselben Organisation geschieht, werden sie zu einem Mittel der Organisationsentwicklung, vor allem hinsichtlich der Entwicklung der Führungskultur. Gegenüber anderen Mitteln, die auch auf die Führungs- und Organisationskultur zielen, z. B. Leitbilddiskussionen oder Qualitätszirkeln, tun sie dies nicht abstrakt-normativ, sondern entlang dem konkreten Tun und der Besprechung der alltäglichen Praxis. Wie bei allen diesen Gruppen im Organisationskontext ist der Teilnahmemodus durch eine Mischung aus Freiwilligkeit und Zwang charakterisiert (»Communities of Practice«, vgl. Weigand 2015, S. 247). Trotz der in der Regel vereinbarten Schweigepflicht sollte den Beteiligten bewusst sein, dass die anderen Gruppenmitglieder in der Organisation bleiben und mit ihnen auch die Informationen, die sie in der Gruppe preisgegeben haben. Zu diesem Arbeitssetting zu zählen sind auch Programme der kollegialen Beratung, die in vielen Organisationen eingeführt wurden.

## 4.5 Setting III: Fallbesprechungen in einer Ausbildungsgruppe

In den meisten psychosozialen Ausbildungskontexten sind Fallbesprechungen ein fester Bestandteil des Curriculums. Von dort haben sie sich in andere Weiterbildungskontexte hinein ausgebreitet. Fallbesprechungen dienen der Aneignung von theoretischem Wissen sowie dem Einüben von Methoden und Handlungsweisen, und sie bieten die Möglichkeit zur Selbsterfahrung; darüber hinaus stellen sie das zentrale Bindeglied dar, mit dem die Theorie-Praxis-Kluft überbrückt wird. In und an ihnen wird gelernt, wie die zukünftige professionelle Rolle mit den Möglichkeiten der eigenen Person in eine Passung gebracht werden kann. So wird quasi nebenbei ein professioneller Habitus entwickelt.

Im Kontext einer Ausbildungsgruppe hängen die Möglichkeiten zur Durchführung von Fallbesprechungen sehr davon ab, wie stark damit Zensuren und Leistungsbeurteilungen verknüpft werden. Im Rahmen von Hochschulausbildungen sind daher Fallbesprechungen nur bedingt durchzuführen. Die Notwendigkeit der Benotung geht hier sehr zulasten der Möglichkeit, ohne Scheu Probleme der eigenen Praxis zu thematisieren.

Wenn in Ausbildungsgruppen die Lehre eines bestimmten Verfahrens allzu sehr im Vordergrund steht, dann tritt der Fall in den Hintergrund. In der Arbeit am Fall bzw. am präsentierten Material entsteht unter diesen Bedingungen die Gefahr, dass er seine empirische Eigenständigkeit verliert. Man benutzt dann z. B. schon in der Fallerzählung sprachliche Kategorien und fachliche Konzepte des jeweiligen Verfahrens, ohne sich in angemessener Weise dessen bewusst zu sein, dass dies schon eine theoretische Verdichtung darstellt. Eine gute Korrektur bietet auch hier eine Orientierung an den Methoden qualitativer Sozialforschung in Materialerhebung und -auswertung.

## 4.6 Setting IV: Fallbesprechungen im Team

Während in den bisher beschriebenen Settings die Teilnehmenden vorrangig oder ausschließlich zum Zweck der Fallbesprechung zusammenkommen, verstehen wir unter einem Team eine Gruppe, in der die Teammitglieder gemeinsam an einer Aufgabe arbeiten und aufeinander angewiesen sind, um ein gemeinsames Produkt zu erstellen oder einen Dienst zu leisten. Einer alleine käme nicht zum Ziel. Wie stark dieses Aufeinander-angewiesen-Sein ausgeprägt ist, ergibt ein aussagekräftiges Kriterium dafür, wie »teamig« ein Team ist. Die Auseinandersetzung mit der gemeinsamen Aufgabe bringt ein dauerhaftes soziales System eigener Art hervor, in dem bestimmte Normen gelten (was darf man, was nicht), in dem es unterschiedliche Rollen und Funktionen gibt und dann auch eine gemeinsame Geschichte. All dies prägt den aktuellen Zustand eines Teams (vgl. das Modell von Teamarbeit bei Edding u. Schattenhofer 2020, S. 13 ff.).

Teams können sein pädagogische Teams in stationären und ambulanten Einrichtungen, z. B. Heimen, Kindergärten oder Schulen, in denen die Mitarbeiterinnen eine Gruppe gemeinsam leiten und die gleichen Kinder betreuen. Es können Beratungsteams sein, die Klienten gemeinsam beraten oder ein gemeinsames Beratungsangebot machen, wie z. B. psychosoziale Beratungsstellen. Oder es kann sich um Leitungsteams handeln, in denen Menschen mit unterschiedlicher Ausbildung einen Betrieb, eine Einrichtung gemeinsam leiten. In allen diesen Teams ist es sinnvoll, Fälle zu besprechen.

Fallbesprechungen im Team dienen hier nicht nur dem Fallverstehen und der gegenseitigen Unterstützung und dem Austausch, sondern immer auch der Absprache über das gemeinsame Vorgehen und Tun vor dem institutionellen Hintergrund des Teams, seiner Aufgaben und seinen Funktionen. Solche Teams müssen in der Gestaltung ihrer Zusammenarbeit mit zahlreichen Unterschieden zurechtkommen. Es kann erfahrene und weniger erfahrene Kollegen geben, formelle und informelle Leiter, Junge und Ältere, Männer und Frauen. Oft arbeiten Kollegen mit unterschiedlicher Ausbildung und Bezahlung (z. B. Ärzte, Psychologen, Sozialarbeiter, Krankenschwestern) und unterschiedlichem beruflichen Status in einem Fall zusammen. All diese Unterschiede werden auch bei Fallbesprechungen wirksam und können zu Spannungen führen.

Dies kann sich darin zeigen, dass die erfahrenen Mitarbeiter die jüngeren Teammitglieder weder kritisieren noch unterstützen, weil es gegen die Teamnormen verstößt, andere auf »Fehler« hinzuweisen; es kann sein, dass die neuen Mitarbeiterinnen sich nicht trauen, etwas zu sagen oder zu fragen; oder dass die formelle und die informelle Leitung konkurrieren um die beste Interpretation des Falles. Fallbesprechungen in Teams sind immer der Gefahr ausgesetzt, dass sich die Teamdynamik gegenüber der Falldynamik durchsetzt, und es bedarf dauerhafter Anstrengungen dabei, in Teams ein für Fallbesprechungen günstiges Klima zu schaffen.

Das bedeutet, dass Fallbesprechungen im Team dann gut durchführbar sind, wenn die Reflexion der Situation im Team im Kontrakt enthalten ist. Umgekehrt gilt: Wird diese Arbeitsebene explizit ausgeschlossen, sind auch keine Fallbesprechungen möglich, d. h., Fallsupervision ist mit Teamsupervision konzeptionell gekoppelt, man muss das Arbeitsprogramm wechseln können, wenn es notwendig erscheint (vgl. Rappe-Giesecke 2009, S. 163 ff.).

Bei Fallbesprechungen im Team muss bedacht werden, dass hier die möglichen sozialen Folgekosten größer sind als in einer Gruppensupervision oder einer Ausbildungssituation. Daraus ergeben sich andere thematische Grenzen. Persönliche Anteile der Fallbeteiligten sollten benannt werden können, sie werden aber nicht bearbeitet. Die Beachtung dieser Grenze hilft den Fachkräften, ihre Arbeitsfähigkeit aufrechtzuerhalten. Vorrang hat der Fall, das Team und seine Mitglieder sind aber immer Teil des Falls. Die Mitglieder gehören also genauso viel, aber auch genauso wenig in den Fokus, als es nötig und sinnvoll dafür ist, die Probleme der Klienten bearbeiten zu können.

## 4.7 Setting V: Fallbesprechungen zu zweit

Fallbesprechungen können natürlich auch in einer Zweiersituation stattfinden, z. B. in der Einzelsupervision. Gegenüber einer Gruppensituation stellt die Dyade eine weniger komplexe Beratungssituation dar, Vertrauensbildung und weitere Aushandlungsprozesse sind daher weniger aufwendig. Zugleich ist die Komplexität einer Gruppe eine der zentralen Ressourcen dafür, Fälle in der notwendigen Multiperspektivität abbilden und verstehen zu können. Die zusätzliche Anstrengung der Zweiersituation besteht daher darin, dass sie diese Multiperspektivität ersetzen muss. Das, was sonst in der Vielstimmigkeit einer Gruppe quasi wie von selbst zum Klingen kommt, muss nun von zwei Personen gezielt hervorgebracht werden. Die Rolle der Leitung liegt dann zum einen darin, die Falleinbringerin dazu aufzufordern, die verschiedenen Positionen in einem Fall einzunehmen und aus den damit jeweils verknüpften Perspektiven zu sprechen. Zum anderen kann die Leitung selber verstärkt diese Positionen und Perspektiven lebendig machen.

Auch Spiegelungen können in der Zweiersituation auftreten und für die Arbeit genutzt werden. Da der Resonanzraum der Dyade kleiner ist als der einer Gruppe, ist diese Funktion jedoch eingeschränkt. Es steht dafür nur die Beziehung zwischen Leitung und Falleinbringerin zur Verfügung, während in einer

Gruppe viele Beziehungsmöglichkeiten bereitstehen. Besonders zur Geltung kommt dies, wenn es sich beim Fall um ein Mehrpersonensystem handelt, sei es eine Familie, ein Team oder eine Organisation. In der Dyade sind alle diese Positionen und Perspektiven zwar simulierbar, sie werden aber längst nicht in dem Maße lebendig wie in einer Gruppe.

## 4.8 Formale Aspekte des Kontraktes: Was sollte geregelt werden?

Kontrakte sind Vereinbarungen zu Beratungsleistungen. Bei frei ausgeschriebenen Fallbesprechungs- oder Supervisionsgruppen gibt es nur zwei Kontraktpartner, Teilnehmende und Leiterin. In Organisationen haben wir es mit einem *Dreieckskontrakt* zu tun zwischen den Teilnehmenden, der Leiterin und dem Auftraggeber – meist vertreten durch die Vorgesetzte der Teilnehmenden. Dies gilt auch für Fallbesprechungen im Rahmen von Fortbildungen, in denen der Fortbildungsträger die dritte Ecke des Kontraktes darstellt. Als Supervisorin einer Fallbesprechungsgruppe sollte man dafür Sorge tragen, dass der Dritte im Bunde seine Erwartungen an Fallbesprechungen offen mitteilt. Sie sollten auch erfragt werden, wenn Kontraktgespräche nur zwischen der Gruppe/dem Team und dem potenziellen Supervisor stattfinden – was manchmal allen Beteiligten entgegenkommt, weil möglicherweise widersprüchliche Erwartungen nicht geklärt werden müssen.

Als *Ziele für Fallbesprechung* sollten benannt werden:

- Reflexion und (Weiter-)Entwicklung des professionellen Handelns
- Bearbeitung von blinden Flecken und das Auflösen von Verwicklungen
- systematischer Erfahrungsaustausch
- gegenseitige Unterstützung und Entlastung
- Erarbeitung sicherer Entscheidungen und Standpunkte
- Qualitätssicherung der Arbeit und kollegiale Kontrolle.

Es können *drei Arbeitsebenen* unterschieden werden:

- die Bearbeitung von Fällen, die die Teilnehmenden einbringen
- die Reflexion der Zusammenarbeit in der Gruppe/im Team

- die Reflexion des Verhaltens der einzelnen Person in ihren Wirkungen in den Fällen und im Hier und Jetzt der Gruppe (berufsbezogene Selbsterfahrung).

Es lassen sich in Fallbesprechungen *drei Rollen* ausmachen: *Leitung, Falleinbringer, Fallberatende.* Während die Leitung einer Fallbesprechung keine eigenen Fälle einbringt, sollten alle anderen bereit sein, sowohl Falleinbringer als auch Beratende zu sein.

Es bedarf einer über einen definierten Zeitraum *verbindlichen und kontinuierlichen Teilnahme*, damit die Gruppe ihre Zusammenarbeit entwickeln kann.

*Teamleitungen* können nur teilnehmen als *Kollegen*, die selbst Fälle einbringen.

Es empfiehlt sich eine *Gruppengröße* von fünf bis zehn Teilnehmenden. Abweichungen nach oben oder unten sollten in ihren Auswirkungen besprochen werden.

*Dauer und Häufigkeit* der Sitzungen für Fallbesprechungen sollten im Zusammenhang gesehen werden. Bei größeren Abständen als 14 Tagen sollte eine Sitzung nicht unter 90 Minuten dauern. Damit der erforderliche Rahmen gesichert ist, brauchen größere Gruppen mehr Zeit als kleinere.

Als *Ort der Sitzungen* braucht es einen freundlichen Raum mit Platz und Bewegungsfreiheit, sodass gegebenenfalls auch aktionsbetonte und darstellende Methoden möglich sind.

Geregelt werden müssen die *Bezahlung* und in diesem Zusammenhang auch der Umgang mit *kurzfristigen Absagen* – vonseiten der Teilnehmenden wie vonseiten der Leitung.

Ein Kontrakt ist eine Abmachung auf Zeit. Damit man Fallbesprechungen durchführen kann, braucht es eine *Mindestlaufzeit des Kontraktes*, die natürlich verlängert werden kann.

Verabredet werden sollten *regelmäßige Zwischenstopps* zur Reflexion der Zusammenarbeit und Überprüfung des Kontraktes.

Zur Beendigung eines Kontrakts gehört eine *Abschluss- und Auswertungssitzung*. Dies gilt auch für einen vorzeitig beendeten Kontrakt.

Angesprochen werden sollte die mögliche *Einbindung des Auftraggebers*: Wie, wann, worüber und von wem wird er über die Arbeit der Gruppe informiert?

## 4.9 Anmerkungen zur Schweigepflicht

Die Schweigepflicht ist in dreierlei Hinsicht relevant:

- Schweigepflicht und/oder Berichtsauftrag des Leiters der Fallbesprechung *hinsichtlich der Auftraggeber:* Unter die Schweigepflicht fallen alle personenbezogenen Informationen. Davon ausgenommen sein können organisationsbezogene Erkenntnisse. Dies sollte mit den Teilnehmenden vereinbart werden, und die Informationsweitergabe sollte am besten in ihrer Anwesenheit geschehen.
- Schweigepflicht des Leiters und der anderen Teilnehmenden *gegenüber den Falleinbringenden:* Die Schweigepflicht des Supervisors wird in der Regel durch den Auftrag festgelegt, die der anderen Teilnehmenden muss besonders vereinbart werden. Sie dürfen keine Informationen, die sie im Zusammenhang mit der Supervision bzw. mit den Fallbesprechungen erhalten, weitergeben. Das gilt auch für die Zeit nach Abschluss der Zusammenarbeit.
- Schweigepflicht der Falleinbringenden *gegenüber Klienten und Kunden*, die Gegenstand der Fallbesprechungen sind: Berater und Therapeutinnen sind ihren Klienten und Kunden gegenüber nicht selbstverständlich von der Schweigepflicht entbunden. Es kann auch nicht einfach von einer stillschweigenden Einwilligung ausgegangen werden. Die Klienten müssen also darüber informiert sein, dass ihre Beraterinnen aus Gründen der Qualitätssicherung und der kollegialen Kontrolle bei Bedarf die Arbeit mit ihnen in einer Fallbesprechung thematisieren.

Die Schweigepflicht sollte u. a. durch die Anonymisierung der Daten der Klienten sichergestellt werden. In der Praxis ist das häufig nur begrenzt möglich, weil sonst die freie Erzählung unmöglich würde und viele für den Fall relevante Informationen nur bedingt zur Verfügung stünden.

Ein expliziter Umgang mit der Schweigepflicht erhöht insgesamt die Transparenz von Beratungen und hilft dabei, einseitige Abhängigkeiten einzudämmen.

Eine der wenigen ausführlichen Darstellungen zum Thema stammt von Hilarion Petzold (2007; vgl. auch Belardi 2020,

S. 232 ff.). Er betont, dass neben juristischen Aspekten auch ethische, klinische und supervisorische Gesichtspunkte zu berücksichtigen sind. Supervision und Fallbesprechungen nehmen Einfluss auf die Beratung, die Hilfeleistung, die Therapie, ohne dass dies für die jeweiligen Klienten transparent wäre. Es entsteht die Position eines nicht anwesenden Dritten, wie sie ja für die personelle Grundkonstellation einer Fallbesprechung typisch ist. Durch Heimlichkeit und fehlende Offenheit aber wird gerade das infrage gestellt, was Grundlage helfender Beziehungen ist: Direktheit, Offenheit und Selbstoffenbarung (ebd., S. 164). Wie Petzold halten wir es für notwendig, dass eine Beraterin ihre Klienten über ihre Teilnahme an einer Fallbesprechungsgruppe informiert. Dies gilt auch für Personen, die noch in Ausbildung sind und in Lehrtherapie oder Lehrsupervision ihre Fälle besprechen.

Schwieriger zu handhaben ist die Schweigepflicht bei Fallbesprechungen mit Führungskräften und anderen Organisationsangehörigen, in deren Fällen es um Mitarbeiter, Kolleginnen oder Vorgesetzte geht. Mit diesen abwesenden Dritten besteht kein beraterischer Kontrakt, innerhalb dessen eine Schweigepflichtentbindung überhaupt möglich wäre. Es werden zwar von den Falleinbringenden nur selten Informationen offenbart, die der Schweigepflicht unterliegen; sollen Fallbesprechungen aber nicht zu einer reinen Aufrüstungsveranstaltung in beruflichen Konflikten werden, müssen in der Arbeit die Interessen der abwesenden Fallbeteiligten berücksichtigt werden. Nach unserer Auffassung ist es Aufgabe der Leitung einer Fallbesprechung, sich zum Fürsprecher dieser Interessen zu machen.

# 5 Die Phasen der Fallbesprechung

In der relevanten Fachliteratur finden sich zahlreiche Anleitungen für Fallbesprechungen und ihre Durchführung. Sie variieren nach dem Maß ihrer Strukturiertheit und der Frage, ob sie mit einer Leitung oder im Modell der kollegialen Beratung ohne Leitung stattfinden. Hoch strukturierte Ansätze unterscheiden bis zu 13 verschiedene Arbeitsschritte. Dies gilt insbesondere für Modelle zur kollegialen Beratung, in denen das Ablaufschema die strukturierende Funktion einer externen Leitung übernimmt. Die Gruppe bzw. die dafür bestimmte Moderation sorgt dann dafür, dass diese Schritte eingehalten werden (vgl. z. B. Lippmann 2013; Brinkmann 2002; Schlee 2019; Franz u. Koop 2010; Tietze 2010a; Schmid, Veith u. Weidner 2019). Auf der anderen Seite des Kontinuums liegen minimal strukturierte Formen der Gruppensupervision und der Balint-Gruppen-Arbeit, die darauf abzielen, dass sich der Fall mit seiner Dynamik in der Gruppe entfalten kann (vgl. Gaertner 1999; Rappe-Giesecke 2009).

Alle diese Ablaufschemata sind Varianten eines Grundmusters: Nach der Kurzdarstellung und der Auswahl eines Falles (1) wird der Fall vom Falleinbringer erzählt (2). Dann stellen die Beraterinnen in der Gruppe ihre Rückfragen und bringen ihre Eindrücke, Identifikationen, Wahrnehmungen etc. ein (3). Im Anschluss daran wird nach Handlungsalternativen gesucht (4). In einer Abschlussphase (5) wird die Sitzung ausgewertet und das weitere Vorgehen geplant. Untersuchungen von Gesprächsprotokollen aus minimal strukturierten Balint- und Supervisionsgruppen zeigen, dass sich eine solche Gesprächsstruktur auch ohne extern eingeführte Strukturierung einstellt. Sie scheint den Vorstellungen der Teilnehmenden zu entsprechen, wie die Aufgabe der Gruppe zu lösen sei, und etabliert sich als gemeinsames, sicherheitstiftendes Ablaufmuster, als sogenannte Normalform (Giesecke u. Rappe-Giesecke 1997; Möller 2012, S. 62).

Der Sinn und Zweck dieses Modells liegt darin, in einzelnen Schritten die Alltagskommunikation in eine Problemlösekommunikation umzuwandeln. Dem Verstehen der Situation, ihrer

Erforschung aus unterschiedlichen Perspektiven, dem Zusammentragen widersprüchlicher Sichtweisen wird ein eigener Platz eingeräumt. Die Tendenz in der Alltagskommunikation, auf Fragen gleich mit Tipps und Handlungsvorschlägen zu reagieren, wird unterbrochen. Erst nach einer sorgfältigen Untersuchung des Falles werden Handlungsoptionen entwickelt.

Die Idee einer solchen Normalform im Sinne eines Idealtypus kann man auf zweierlei Arten nutzen. Einerseits kann sie als Instrument zur Reflexion von Fallbesprechungen dienen: Wo gibt es Abweichungen vom normalen bzw. idealen Verlauf? Was sagt dies über die Gruppe und ihre Arbeitsfähigkeit aus? Andererseits kann man sie als normatives Modell verwenden, indem die Leitung ihr Vorgehen danach ausrichtet und die Fallbesprechung entsprechend dem Modell steuert.

In einem ersten Schritt stellen wir die Arbeitsschritte tabellarisch im Überblick dar. Anschließend beschreiben wir die einzelnen Phasen ausführlich mit ihrer Funktion, den typischen Aufgaben für den Falleinbringer, die beratenden Gruppenmitglieder und die Leitung. Besondere Aufmerksamkeit gilt den Entscheidungen, die die Leitung in den jeweiligen Phasen treffen muss. Mögliche Abweichungen von diesem Schema werden daraufhin befragt, was sie über den Entwicklungsstand der Arbeitsgruppe aussagen. Im Anschluss an jede Phase gehen wir kurz auf einzelne Methoden ein, die sich bewährt haben.

## 5.1 Die Phasen einer Fallbesprechung im Überblick

Mit einem Ablaufschema, wie es Abbildung 3 zeigt, kann man Fallbesprechungsgruppen in die Arbeit einführen.

## 5.2 Phase I: Einstieg und Anschluss an die letzte Sitzung

Die Wirkung einer Fallberatung endet nicht mit ihrem Abschluss in der Gruppe. Sie wirkt in der Regel nach; manches fällt den Beteiligten erst nach der Sitzung ein. So ist es sinnvoll, bei der nächsten Sitzung danach zu fragen, wie die Bearbeitung nachgewirkt hat. In fortlaufenden Gruppensupervisionen und bei Fallbesprechungen in der Teamsupervision besteht die Möglichkeit, einzelne Fälle über einen längeren Zeitraum hinweg zu verfolgen und die Wirksamkeit der getroffenen Entscheidungen und geplanten Handlungen zu reflektieren. Hat sich das Geplante verwirklichen lassen, oder welchen anderen Verlauf hat der Fall genommen?

Mit diesen Nachfragen übernimmt die Leitung die Rolle dessen, der die Teilnehmenden daran erinnert, was beim letzten Mal bearbeitet wurde. Sie sorgt damit für mehr Verbindlichkeit in der gemeinsamen Arbeit, gerät aber zugleich in die Gefahr, wie eine Lehrerin die Erledigung der Hausaufgaben abzufragen. Manchmal kommt die Erinnerung an die besprochenen Fälle nur langsam und ausschnitthaft wieder, die einzelnen Gruppenmitglieder signalisieren damit implizit, dass sie mit vielen anderen Fragen beschäftigt sind und die Ergebnisse aus der Supervisionsarbeit nur schwer in ihrem hektischen Alltag Bestand haben können. Das kann Anlass sein, über den Transfer der in den Fallbesprechungen gewonnenen Einsichten in die alltägliche Arbeit zu sprechen. Erfolgsberichte über gelungene Interventionen, die mit der zurückliegenden Fallbesprechung in Zusammenhang gebracht werden, können die ganze Gruppe für die bevorstehende Arbeit motivieren.

## 5.3 Phase II: Sammeln der Fälle und Entscheidung für einen Fall

Nun werden die Teilnehmenden dazu eingeladen, die Fälle, die sie mitgebracht haben und die sie beschäftigen, kurz vorzustellen. Dann kann die Gruppe entscheiden, welchen Fall sie zunächst bearbeiten will. Das Interesse, das ein Fall in der Gruppe findet, kann an dieser Stelle getestet werden. Die Phase hat auch das Ziel, die Gruppe für die gemeinsame Arbeit anzuwärmen. Sie kann daher durchaus mit einem allgemeinen Austausch darüber beginnen, was die Einzelnen zurzeit in ihrer Arbeit beschäftigt. Gruppe und Gruppenleiter achten darauf, ob es sich um ein Fallanliegen oder um ein Thema handelt, das auf andere Weise bearbeitet werden sollte.

Die Klärung der Frage, wer etwas einzubringen hat oder nicht, sagt viel aus über den Zustand und die Arbeitsfähigkeit der Gruppe. Die Gruppenmitglieder müssen dazu eigene Defizite oder ungeklärte Fragen öffentlich machen. Wenn keine Fälle eingebracht werden oder mühsam nach ihnen gesucht wird, dann ist

| Phase und ihre Funktion | Aufgaben für die Falleinbringenden (FE) |
|---|---|
| Phase I:<br>Einstieg, Anwärmen | |
| Phase II:<br>kurze Präsentation der Fälle, Auswahl treffen | Die anderen für den eigenen Fall interessieren. Rückmeldungen anhören. |
| Phase III:<br>Erzählung und Formulieren einer Frage | Erzählen: Was fällt mir jetzt zu meinem Fall ein? Was habe ich vorbereitet? Darstellung mit Hilfsmitteln. |
| Phase IV:<br>den Blick ausweiten durch Rückfragen | Fragen beantworten. |
| Phase V:<br>den Blick ausweiten, sich engagieren; den Fall mit den Augen und dem Empfinden der anderen Beteiligten betrachten; Rekonstruktion des Verlaufes, Wirkung der Erzählung, Aussprechen von Ungesagtem, Komplexität erhöhen; den Blick fokussieren, sich distanzieren durch: zusammenfassen, ordnen, Schwerpunkte setzen, den Bezug zur Frage herstellen, die Komplexität veringern | Zuhören, auch bei Widersprüchlichem. Die eigene Reaktion beobachten.<br><br>Über die eigene Reaktion berichten: Was spricht mich an, was nicht, was stößt mich ab? |
| Phase V:<br>Handlungsalternativen entwickeln und auswählen, nächste Schritte planen | Zuhören, eventuell auswählen. Stand der eigenen Pläne mitteilen, Entscheidung darstellen. |
| Phase VI:<br>Sharing: die Bedeutung des Falles für die Beratenden | Zuhören. |
| Phase VII:<br>Auswertung der Sitzung, Reflexion der Arbeitsfähigkeit | Wie ging es mir mit der Gruppe und mit dem Leiter? Wie geht es mir jetzt? |

| Aufgaben für alle Gruppenmitglieder | Aufgaben/Entscheidungen für die Leitung/Supervisorin |
|---|---|
| Anknüpfen an das letzte Treffen. Berichte von den letzten Fällen, Nachwirkungen. Was beschäftigt mich in Bezug auf meine Arbeit? Was will ich einbringen? | |
| Kurzpräsentation der Fälle und Auswahl. Probevorstellung zum Testen der Resonanz. Bei welchem Fall kann ich am besten mitarbeiten? | Entscheidung herbeiführen und für Transparenz sorgen: Warum wurde etwas gewählt, abgewählt? |
| Zuhören und auf die eigene Reaktion achten: Welche Eindrücke, Bilder, Gefühle tauchen auf, wie gut kann ich zuhören, was habe ich verstanden, was nicht? | Eventuell Hilfsmittel zur Darstellung vorschlagen: z. B. Organigramm oder zeitlichen Ablauf aufmalen. Klärung des Auftrages und der Frage der FE. |
| Verständnisfragen stellen. Stimmt das, was ich gehört habe? | Sind das Fragen oder in Fragen verpackte Hypothesen? |
| Vervollständigen der Erzählung: Was fehlt mir, was, welche Ebene wurde nicht angesprochen? Was löst die Erzählung bei mir aus? Eindrücke, Identifikationen mit den FE und anderen. Eventuell Rollen übernehmen. Bilder, Assoziationen zur gesamten Situation, Hypothesen einbringen.<br>Wie kommt mir die Situation vor?<br><br>Bewertung des Gesagten; Vorschläge für ein Kernthema machen, in dem die FE vorkommt; Widersprüchliches verdeutlichen. | Erlebnisaktivierende Methoden vorschlagen!? Fehlendes (Ebenen, Rollen, Personen) ergänzen.<br><br>Die Inszenierung des Falles in der Gruppe beobachten und eventuell thematisieren.<br><br>Eventuell das Material zusammenfassen.<br>Die FE in das Ordnen mit einbeziehen. Vorschläge für ein Schlüsselthema machen. Bezug zur Frage herstellen oder Frage neu formulieren. |
| Eigene Erfahrungen in vergleichbaren Situationen? Was würde ich machen? Vorschläge, Ideen ... | Eventuell Probehandeln ermöglichen. Eigene Vorschläge einbringen. |
| Woran erinnert mich die Situation? Wo habe ich Ähnliches erlebt? Wo ist es mir ähnlich ergangen? Was bedeutet der Fall für meine Arbeit? | Darauf achten, dass die Beratenden von sich sprechen. Keine Fortsetzung der Fallbearbeitung; keine weiteren Ratschläge. |
| Wie ging es mir mit dem Fall und den Falleinbringenden? Wie arbeitsfähig waren wir? | Eventuell latente Themen ansprechen, die sich im Ablauf gezeigt haben. Wo gab es Abweichungen von der Normalform? |

*Abb. 3: Der Ablauf der Fallbesprechung im Überblick*

das ein Zeichen dafür, dass die Grenzen der eigenen Professionalität vor den anderen nicht sichtbar werden sollen oder dürfen. Dann sollte untersucht werden, inwieweit die Kontextbedingungen der Gruppe überhaupt eine Umsetzung des formellen Kontraktes zulassen oder warum z. B. die Gruppenmitglieder nicht genügend Vertrauen in die Gruppe und die Leitung haben, um sich mit einer Frage zu präsentieren.

Ebenso interessant und aussagekräftig ist die Entscheidung, welcher Fall zuerst bearbeitet wird und welche Fälle nicht behandelt werden. Wir halten es für sinnvoll, diese Entscheidung nicht der Gruppe abzunehmen, sondern ihren Aushandlungs- und Entscheidungsprozess zu begleiten. Die Gruppenmitglieder müssen dabei die unterschiedlichen Kriterien und Rahmenbedingungen in einen praktikablen Ausgleich bringen. Zunächst können die Einbringenden an dieser Stelle überprüfen, ob die Kurzpräsentation ihres Falles verstanden wurde und ob sie auf das Interesse der anderen gestoßen ist. Voraussetzung für eine gute Fallbearbeitung ist, dass die Einbringenden mit ihrem Fall bei den Beratenden Resonanz auslösen, dass bei ihnen etwas anklingt und sie motiviert. Fehlen diese Anreize, sollte ein Fall nicht bearbeitet werden. Für die Einbringenden können auch die Ablehnungsgründe wichtige Rückmeldungen enthalten: »Dein Anliegen erscheint mir nicht dringlich.« »Zu wenig Handlungsdruck.« »Das ist mir zu fremd/zu bekannt/für den Anfang zu schwierig.« »Ich hab nicht richtig verstanden, was du willst.« Gruppen wählen – bewusst oder unbewusst – die Fälle aus, die zu ihrem Entwicklungsstand passen, so unsere Annahme. Es erweist sich daher als sinnvoll, gelegentlich nach den Beweggründen zu fragen, die der Entscheidung der Gruppe zugrunde liegen.

Weiterhin wird an dieser Stelle darüber verhandelt, wie die vorhandenen Ressourcen (Häufigkeit und Dauer der Treffen) verteilt werden. In dem Maße, in dem die Gruppe dies eigenständig klärt, lernt sie einen flexiblen und pragmatischen Umgang mit der Ressource »Zeit«. Lösungen können auch darin bestehen, zwischen ausführlich und kurz zu bearbeitenden Fällen zu unterscheiden, die Dauer für die Bearbeitung eines Falles vorher zu begrenzen, nach ähnlichen Fällen und Fragestellungen zu suchen, von denen nicht alle bearbeitet werden müssen. Insgesamt gehen wir davon aus, dass die Bewältigung dieser Fragen das

Gefühl der Verbindlichkeit und der Zugehörigkeit bei den einzelnen Mitgliedern erhöht und die Arbeitsfähigkeit der Gruppe insgesamt steigert.

**Methoden**

**Die Auswahl sichtbar machen**

In größeren Gruppen ab acht Teilnehmenden kann man die Auswahl des Falles dadurch sichtbar machen, dass man nach der kurzen Präsentation der zur Bearbeitung anstehenden Fälle die Teilnehmenden bittet, sich zu ihrem präferierten Falleinbringer zu stellen. Es wird sichtbar, wer welchen Fall bearbeiten will und auf wie viel Interesse der einzelne Fall stößt. Alle Einbringenden bekommen eine kurze Rückmeldung, warum ein Fall auf Interesse stößt oder nicht. Die anstehende Entscheidung wird dadurch transparenter.

**Innen- und Außenkreis**

In größeren Gruppen ab acht Teilnehmenden kann man nach der Fallauswahl die Gruppe in einen Innenkreis und einen Außenkreis aufteilen. Im Innenkreis wird der Fall bearbeitet, der Außenkreis beobachtet und kommentiert die Arbeit unter bestimmten Fragestellungen, z. B.: Was fehlt in der Bearbeitung durch den Innenkreis, was wird vermieden, nicht gesagt? Spiegelt sich etwas vom Fall in der Gruppe und, wenn ja, was?

## 5.4 Phase III: Erzählen und Aushandeln eines Auftrages

Der Falleinbringer erzählt seinen Fall, möglichst ohne unterbrochen zu werden. Er bestimmt, was er über die beteiligten Personen, den Verlauf, seine eigene Beteiligung etc. veröffentlicht und wie er dies macht. Die Erzählung soll mit allen Betonungen, Auslassungen, Wiederholungen, mit allem Verständlichen und Unverständlichen auf die Zuhörenden wirken können (vgl. Kap. 6 und 7). Gelegentlich ist es sinnvoll, die Darstellung in geeigneter Form zu visualisieren und zu strukturieren. Im Anschluss daran formuliert der Einbringende die Frage, einen Auftrag an die Gruppe, an dem sich die Gruppe bei der Bearbeitung orientieren kann.

In einer Supervisionsgruppe für höhere Führungskräfte großer sozialer Einrichtungen bringt Herr A. seinen Fall ein. Er erzählt flüssig und ohne Unterbrechung, gut verständlich und klar gegliedert in wenig mehr als fünf Minuten seine Fallgeschichte.

Herr A. ist frustriert. Er will das Angebot in einer der Beratungseinrichtungen seines Verbandes ausweiten. Dafür hat er eine zusätzliche Stelle geschaffen und mit den zuständigen Gruppenleitungen vereinbart, dass sie für die Gestaltung des neuen Dienstplanes mit der zusätzlichen Kraft verantwortlich sind. Herr A. hat sich Mühe gegeben, mit allen Betroffenen zu sprechen und sie an der Gestaltung der neuen Aufgabe zu beteiligen. Als die Veränderung in Kraft tritt, hört er von allen Seiten, dass die Stimmung schlecht sei und die Personalausstattung nicht ausreiche. Die betroffene Gruppenleiterin, die seinen Plänen vorher zugestimmt hatte, ist jetzt die Wortführerin der Unzufriedenen, die sich darüber beschweren, ohne zusätzliches Personal immer neue Aufgaben übernehmen zu müssen. Herr A. berichtet, er könne verstehen, dass das Team ihr Druck mache, er kenne auch ihre schwierige und belastende private Situation, aber dass sie sich jetzt auf die Seite der Mitarbeiter stelle und ihn derart angreife, das sei ihm rätselhaft. Er habe das gute Gefühl, alles richtig gemacht und alle Betroffenen beteiligt zu haben, gleichwohl kriege er jetzt diese Rückmeldungen. Die Kritik und die negativen Zuschreibungen würden ihn ins Wanken bringen und ihm zu schaffen machen, obwohl er von der Richtigkeit seiner Entscheidung nach wie vor überzeugt sei.

Auf Nachfrage der Leitung formuliert Herr A. als Anliegen an die Gruppenmitglieder, sich mit ihnen austauschen zu wollen, wie sie mit solchen frustrierenden Situationen umgehen, ob sie das auch als stressig erleben würden. D. h., er lädt zum Erfahrungsaustausch ein. Der Leiter lenkt daraufhin die Frage auf den Fall zurück. Man könne untersuchen, wie er in der konkreten Situation mit dem Gegenwind vonseiten der Mitarbeiter umgegangen ist, wie er zu verstehen sei und welche weiteren Handlungsmöglichkeiten es gebe. Herr A. stimmt dem zu. Es wird sich aber erst erweisen müssen, ob ein tragfähiger Arbeitskontrakt entstanden ist.

Eine solche Dynamik zum Einstieg ist nicht ungewöhnlich. Der Falleinbringer weiß oft nicht genau, was er braucht, und genau dies ist Teil des Problems. Dies zeigt sich manchmal schon in der Fallschilderung, wenn die präsentierten Informationen keine klaren Hinweise darauf geben, welches das Anliegen sein könnte, die Falldarstellung kein Ende findet oder die Informationen unvollständig und verwirrend präsentiert werden. Die Falleinbringenden merken häufig selber, wenn sie ohne Orientierung sind oder bestimmten Aspekten des Falles, die sie für sich als unangenehm empfinden, auszuweichen versuchen. Genau daraus kann wiederum ein Auftrag entstehen: Orientierung schaffen in einem unübersichtlichen und komplexen Fall; Akzeptanz herstellen dafür, dass es immer wieder Fälle gibt, durch die sich auch erfahrene Mitarbeiter partiell überfordert fühlen. Während es meist sinnvoll ist, eine Fallerzählung zu Beginn nicht zu unterbrechen und ihr zehn bis 15 Minuten einzuräumen, damit die Dynamik des Falls sich in der Erzählung entfalten kann, so erweist sich hier eine frühere Unterbrechung durch die Leitung oft als hilfreich. Leitlinie für die Entscheidung zu einer solchen Unterbrechung ist zuallererst die Wahrnehmung der eigenen Reaktion, aber sicherlich auch die Beobachtung der Reaktionen der anderen Gruppenmitglieder. Werden sie unaufmerksam, ungeduldig oder gelangweilt, dann ist es höchste Zeit für eine Unterbrechung, und die Frage nach dem Auftrag steht an, damit die Gruppenmitglieder wieder gezielter zuhören können.

Eine andere Dynamik liegt vor, wenn auch nach mehrmaligen Klärungsversuchen durch Gruppe und Leitung vom Falleinbringenden kein Auftrag formuliert wird, er aber immer neu in die Erzählung einsteigt und weitere Aspekte schildert. Hier wird die Funktion eines Auftrages deutlich: Er soll zwischen der Gruppe und dem Falleinbringer eine Verbindlichkeit schaffen, die die Gruppe das Anliegen des Falleinbringers und den Falleinbringer die Beiträge der Gruppe ernst nehmen lässt. Misslingt dies, können alle Beiträge, die aus der Gruppe kommen, vom Falleinbringer zurückgewiesen, im schlechtesten Fall entwertet werden. Dann ist es sinnvoll, nicht weiter über den Fall zu reden, sondern über einen möglichen Auftrag und den ihn rahmenden Kontrakt.

Dic anfängliche Formulierung des Auftrages heißt nun keineswegs, dass alle Aspekte, die im formulierten Auftrag nicht benannt sind, ignoriert werden. Es ist ja gerade eines der Ziele von Fallbesprechungen, den Fokus der Aufmerksamkeit zu erweitern oder zu verschieben. Einer ersten Auftragsklärung können also durchaus weitere Klärungen folgen. Die Bereitschaft dazu wird aber zu Anfang durch die Formulierung eines ersten Auftrages gelegt. Auch die Entscheidung über seine Veränderung oder Erweiterung sollte beim Falleinbringer bleiben. Wenn die Gruppe versucht, jemanden zu einem Auftrag zu drängen, den er nicht geben will, dann werden vonseiten der Gruppe Kontrakt und Auftrag nicht eingehalten. Darüber sollte dann auch gesprochen werden – und nicht allein über den Falleinbringer.

### Methoden

Komplexe Situationen und solche mit einer langen Vorgeschichte lassen sich – zumal von ungeübten Teilnehmenden – leichter anhand von Leitfragen oder mithilfe von Visualisierungen darstellen. Die Einbringenden können sich bei ihrer Erzählung an diesen Fragen orientieren, Stichworte dazu können für alle sichtbar auf einem Flipchart stehen zur gemeinsamen Orientierung. Die vorbereitende Beschäftigung mit dem eigenen Fall erleichtert den Einstieg und führt oft schon zu überraschenden Erkenntnissen, z. B. einer Veränderung der Frage.

#### Vorbereitung und Erzählen des Falles nach Leitfragen

Bewährt haben sich folgende Leitfragen bzw. Vorgehensweisen:

- Thema, Titel?
- Die Beteiligten visualisieren, eventuell in einem Schaubild oder Organigramm.
- Wo, wie und wann tritt die schwierige Situation/das Problem/der Konflikt auf bzw. wird für mich sichtbar?
- Vorgeschichte?
- Bisherige Lösungsversuche: Was haben ich oder andere schon probiert, mit welchem Ergebnis?
- Was ist die Frage an die Gruppe?

#### Während der Erzählung ein Organigramm aufmalen

In Organisationen kann man sich besser mithilfe einer systematischen Darstellung der Strukturen oder mithilfe eines Bildes zurechtfinden. Alle haben während der weiteren Erzählung das Bild vor Augen, und man muss sich nicht dauernd darüber verständigen, wer gerade gemeint ist.

### Die Klienten und ihre Familie mit einem Genogramm vorstellen

Ein Genogramm ist eine im sozialpädagogischen und therapeutischen Kontext weitverbreitete Methode, eine Person in ihren Verwandtschaftsbeziehungen über mehrere Generationen hinweg darzustellen (Hildenbrand 2020; McGoldrick u. Gerson 2016).

### Analyse des Lebensumfeldes

Breite Anwendung finden in der Sozialpädagogik Modelle, die es erlauben, einen schnellen Überblick über die gesamte Lebenssituation der Klienten zu gewinnen (Pantucek 2012). Für Fallbesprechungen gut nutzbar ist das Modell der fünf Säulen (Petzold 1984), von denen – metaphorisch gesprochen – eine Person getragen wird. Das Modell unterscheidet zwischen Leib und Leiblichkeit, sozialem Netzwerk und sozialen Bezügen, Arbeit und Leistung, materieller Sicherheit sowie Werten und Normen. Individuelle Problemlagen können den jeweiligen Säulen zugeordnet werden, was eine erste Einschätzung darüber erlaubt, wie die Gesamtbelastung eines Klienten zu bewerten ist.

### Netzwerkkarte

Die Netzwerkkarte schließt unmittelbar an das vorherige Modell an. Sie macht anschaulich sichtbar, mit wem eine Person in welcher Form in Beziehung steht und wie sich dieses Beziehungsnetz (Familien und Verwandte, Freunde, Bekannte und Nachbarn, Institutionen und Ämter) insgesamt darstellt (Ader u. Schrapper 2020, S. 74 ff.).

### Ressourcenkarte

Einen schnellen Überblick über die Ressourcen, die dem Klienten für die Problembewältigung zur Verfügung stehen, ermöglicht die Ressourcenkarte. Unterschieden wird zwischen persönlichen, familiären, materiellen und sozialräumlichen Ressourcen (Ader u. Schrapper 2020, S. 68 ff.).

## 5.5 Phase IV: Fragen – Was wollen die Beratenden noch wissen?

In dieser Phase können die Beratenden ihr Bild von der Situation vervollständigen. Die offenen Fragen, die während der Erzählung entstanden sind, sollen geklärt werden.

Der Teilnehmer B. bringt gleich zu Beginn dieser Phase seine Annahmen, in Frageform gekleidet, ein: wo denn die Führungskräfte in der Zwischenebene verblieben seien und ob sie sich ganz heraushalten würden. Der Leiter lenkt daraufhin noch einmal auf die Fragen an Herrn A. zurück. Es folgt eine kurze Fragephase, in der die Mitglieder der Gruppe nach weiteren Fakten fragen, z. B. dem Zuschnitt der Abteilungen, anderen Beteiligten (Alter, Zugehörigkeit, Auftreten), nach ihren Meinungen und Einschätzungen, insbesondere nach dem Auftreten der Gruppenleiterin vor ihren Mitarbeitern. Teilnehmerin D. stellt in den Raum, ob vielleicht Herr A. von allen geliebt werden möchte, ob das sein Thema sei. Herr A. reagiert darauf ablehnend.

Zu unterscheiden sind Fragen von Hypothesen, Annahmen, Eindrücken, die erst im nächsten Schritt eingebracht werden sollen. Ohne diese Unterscheidung versuchen Gruppenmitglieder nicht selten, die eigenen Meinungen und Eindrücke aus dem Falleinbringer herauszufragen. So macht es Frau D., als sie ihren Eindruck in einer Frage formuliert. Solche Unterstellungen in Frageform führen leicht zu einem Zirkel von indirekten Angriffen und indirekten Verteidigungsreden. Zwar soll Frau D. ihren Eindruck durchaus zur Verfügung stellen, auch wenn er ein kritisches Bild von der Situation und dem Falleinbringer beinhaltet. Sie soll aber auch die Verantwortung für ihre Aussage übernehmen.

Lange Fragephasen, bei denen sehr viele Details angesprochen werden, können ein Zeichen für die Unsicherheit der Beratenden sein, sich in den Fall hineinzuversetzen. Sie trauen den eigenen Eindrücken nicht und wollen lieber noch mehr wissen, bevor sie sich dazu äußern. Dies zu thematisieren kann ein wichtiger Beitrag zum Verständnis des Falles sein. Woraus entsteht diese Unsicherheit, was sagt sie über den Fall aus?

Bei sehr markanten Erzählungen steht man immer vor der Entscheidung, ob nicht ein erster Austausch über die Eindrücke, so lange sie noch frisch sind, sich unmittelbar anschließen sollte und die Fragen zur Sachlage kurzfristig zurückgestellt werden sollten. In unserem Fallbeispiel war z. B. der Ärger eines Gruppenmitgliedes über die untergebenen Führungskräfte deutlich zu spüren. Starke Emotionen und Affekte sollten unmittelbar geäußert werden können. Die Leitung fragt dann unmittelbar nach der Erzählung und der Formulierung des Auftrages: Wie geht es Ihnen mit der Geschichte, wie würde es Ihnen an der Stelle von A. gehen?

## 5.6 Phase V: Bearbeitung des Falles – Ausweitung und Fokussierung des Blicks

Ziel dieser Phase ist es, die Fallerzählung um die Aspekte anzureichern, die in der Erzählung ungesagt blieben. Das Bild von der problematischen Situation soll erweitert, ergänzt und vervollständigt, der Blick erweitert werden. All das, was im Klienten- oder Hilfesystem möglicherweise verschwiegen wurde oder unsagbar ist, z. B. wie es den Beteiligten möglicherweise geht oder was sie über die Situation denken und empfinden, kann jetzt im Beratungssystem zur Sprache gebracht werden. Diese Phase ist von zentraler Bedeutung und fordert den Teilnehmenden einiges ab. Sie sollen die Situation nicht nur von außen rational analysieren, sondern auch auf die eigenen Gefühlsreaktionen achten. Diese Kompetenz kann nicht vorausgesetzt, sondern muss erlernt werden.

### Methoden

Dazu kann man in dieser Phase verschiedene Methoden (s. u.) einsetzen, z. B. Rollen verteilen oder eine Schlüsselszene nachspielen. Gefragt werden kann nach:

- *Eindrücken:* »Die Geschichte löst bei mir Freude, Unbehagen, Ärger, Langeweile ... aus, weil ...«
- *Bildern von der Gesamtsituation:* »Als Titel für die Geschichte fällt mir ein ...« »Das Ganze erinnert mich an ...«
- *Assoziationen:* »Das kommt mir vor wie ... eine Gruppe nörgelnder Kinder ...«

- *Identifikationen:* »Mit wem identifiziere ich mich?« »An der Stelle von ... ginge es mir ... wäre es mein Wunsch ... hätte ich Angst vor ... wäre mein Bild der Situation ...« »Den anderen Beteiligten gegenüber empfinde ich ..., will ich ...« »Ich wäre eher sauer als hilflos, wäre hin- und hergerissen zwischen ...« »Ich wünschte mir von Herrn A. ...«
- *Hypothesen zu den Hintergründen der Probleme*, z. B.: »A. kann es schlecht aushalten, wenn seine Mitarbeiter nicht zufrieden mit ihm sind ...«

Die verschiedenen Beiträge werden zunächst gesammelt, und auch scheinbar Widersprüchliches und sich Ausschließendes wird nebeneinandergestellt. Der Falleinbringer hört zu und reagiert nicht mit Ergänzungen und Richtigstellungen. Offensichtliche Missverständnisse sollten allerdings gleich aufgeklärt werden. Aber auch die Gruppenmitglieder können manchmal die Unterschiedlichkeit von sich widersprechenden Sichtweisen nur schwer aushalten. Sie beginnen dann, miteinander zu diskutieren, wer das jetzt richtig sieht und wer falschliegt. Dies kann durchaus als eine Spiegelung des Falles verstanden werden (vgl. Abschn. 6.3), in dem vielleicht ein vergleichbarer Streit stattfindet. Vielleicht konkurrieren aber die Beraterinnen auch um die beste Analyse. Unterbricht die Supervisorin hier zu früh, kann die Dynamik nicht sichtbar werden, unterbricht sie zu spät, nimmt sie in Kauf, dass der Fall aus den Augen verloren wird.

Nach dieser Ausweitung kann der Blick wieder fokussiert werden. Das gesammelte Material kann nun zu einer neuen Beschreibung der Situation verdichtet und Kernthemen können herausgearbeitet werden. Der Falleinbringer nimmt dazu Stellung und ratifiziert diese Ergebnisse im Sinne einer kommunikativen Validierung. Dieser Schritt ist nicht weniger anspruchsvoll. Manchmal lassen sich die Kernthemen klar benennen, manchmal aber bleibt die Situation unübersichtlich; hier kann ein kurzer Überblick über die gesammelten Aspekte helfen. Der Falleinbringer kann gefragt werden, was ihm besonders aufgefallen ist, was neu war, was ihn bewegt hat und was er weiterverfolgen will. Hierbei ist darauf zu achten, dass er nicht in eine Benotung der Beiträge verfällt: »Dies war gut, jenes hat mir nichts gebracht.« Bemerkungen dieser Art laden nicht zur weiteren Beratung ein.

In dem beschriebenen Fall werden am Ende für und mit Herrn A. als Schlüsselthema die Fragen formuliert: »Was glaubt er, ertragen zu müssen, und ab wann will er sich wehren? Ab wann sollte auch er einmal emotional werden und sein Gegenüber mit diesem Ärger konfrontieren?« Er erzählt, dass er sich das abtrainiert habe, weil er sonst Angst habe, zu explodieren und außer Kontrolle zu geraten. Herr A. benennt damit ein persönliches Thema, das über den Fall hinausgeht.

Diese Phase der Fallbesprechung ist voller Überraschungen, und der Verlauf, der sich letztendlich herausschält, bleibt einer von vielen möglichen. Das Ergebnis sollte nicht als die Wahrheit über den Fall verstanden werden, sondern als eine für die Beteiligten plausible, nachvollziehbare und vervollständigte Erzählung. Hört man sich z. B. Bandaufnahmen einer solchen Fallbesprechung an und analysiert sie, wird sofort deutlich, wie viele alternative Ideen und Richtungen die Leitung hätte wählen und einschlagen können. Um allzu statische und festgelegte Pfade als Leiterin auch wieder verlassen zu können, empfiehlt sich neben der Kontrollsupervision die Arbeit mit und an solchen Aufnahmen und Abschriften.

### Methoden

#### Identifikationsgruppen bilden, Rollen verteilen

Die Rollen der (wichtigsten) Beteiligten werden an einzelne Personen oder Untergruppen verteilt. Sie werden gebeten, sich mit den betreffenden Personen zu identifizieren (wie geht es mir, was fühle, denke, befürchte ich, wünsche ich mir, würde ich am liebsten tun, wie geht es mir mit den anderen Beteiligten?). Wenn das in der Gruppe vorgetragen wird, kann sich daraus ein Dialog zwischen den Beteiligten entwickeln. Es sprechen dann gleichsam die inneren Stimmen der am Fall beteiligten Personen miteinander – wie sie es in der Realität nie tun würden.

#### Eine Schlüsselszene spielen

Mit der Falleinbringenden wird eine Szene aus dem Fall ausgewählt, in der sich die Dynamik der Situation besonders eindringlich zeigt. Die Falleinbringerin verteilt die Rollen (niemand muss etwas spielen!) und »doppelt« sie ein, indem sie sich hinter die Rollenspieler stellt und in Ich-Form von der Situation der Person erzählt (ich bin die Vorgesetzte von Herrn X.). Schon bei diesem vorbereitenden Schritt wird vieles über das Erleben der am Fall beteiligten Personen deutlich. Dann wird die Szene gespielt und in verschiedenen Schritten ausgewertet: Das Erleben der Spieler, die Wahrnehmungen der Beobachter, die die ganze Szene im Blick haben, die Reflexion des Prozesses. Diese Art des psychodramatischen Rollenspiels bietet viele Variationsmöglichkeiten: Die Protagonistin (Falleinbringerin) kann sich selbst spielen, sich ein Doppel wählen, das ihre Rolle übernimmt, man kann die Szene wiederholen in verschiedenen Varianten. Bei dieser Art des Vorgehens braucht es eine klare Leitung, die die Falleinbringerin und die Gruppe durch die verschiedenen Stationen des Spiels führt. Die Leitung ist zugleich die Expertin, die die Methode dem Auftrag entsprechend einsetzt. Dieser Wechsel der Rolle sollte von der Leiterin markiert werden (Buer 2004).

**Eine Aufstellung machen**

Mit dem Falleinbringer werden die für den Fall relevanten Personen aus dem Klienten- und/oder dem Helfersystem identifiziert, und sie werden von ihm mithilfe von Stellvertretern im Raum aufgestellt. Die Stellvertreter werden dann nach ihren Empfindungen und Wahrnehmungen befragt. Aus den Rückmeldungen lassen sich Hypothesen über die Strukturen und Prozesse des dargestellten Systems formulieren. In einem zweiten Schritt können Handlungsoptionen durchgespielt und in ihren potenziellen Auswirkungen untersucht werden. Ähnlich wie bei psychodramatischen Vorgehensweisen erfordert dies eine klare Leitungsrolle. Die Methode braucht eine gewisse Gruppengröße (mindestens acht Personen) und eine gute Reflexionsfähigkeit der Gruppe im Hinblick auf ihre Eigendynamik (König 2004, 2007).

**Ein Schlüsselthema oder eine Schlüsselaufgabe benennen**

Nach der Phase der Fragen und Assoziationen kann es sinnvoll sein, mit dem Falleinbringendem ein für ihn zentrales Thema benennen. Dazu kann die Gruppe Vorschläge machen, der Falleinbringer muss das aber »ratifizieren«. Wichtig ist, dass die Formulierung eine realistische Aufforderung oder Herausforderung enthält, die sich auf die besprochene Situation bezieht.

**Protokoll schreiben**
Ein Gruppenmitglied übernimmt die Aufgabe, für die Falleinbringende die Beiträge der anderen in Stichworten aufzuschreiben, sodass die Vielfalt der Ideen auch später noch ihre Wirkung entfalten kann.

## 5.7 Phase VI: Nächste Schritte

Erst in dieser Phase werden die Konsequenzen auf der Handlungsebene in den Blick genommen. Mit einem vertieften Verständnis der konkreten Situation fällt es leichter, die nächsten Schritte zu planen. Die beratenden Gruppenmitglieder bringen ihre Ideen ein und berichten, was sie in dieser Situation machen würden. Anschließend können z. B. im Rollenspiel verschiedene Möglichkeiten ausprobiert werden – mit dem Falleinbringenden selbst oder als Inszenierung der anderen Gruppenmitglieder. Ziel ist es, dass der Falleinbringer aus der Fallbesprechung hinausgeht mit konkreten Ideen dafür, was er als Nächstes tun kann oder gerade nicht tun sollte. Es geht dabei nicht um eine allumfassende Lösung, sondern um den nächsten und vielleicht übernächsten Schritt in diese Richtung.

### Methoden

**Handlungsmöglichkeiten und Handlungsalternativen spielen**
Im Rollenspiel werden Handlungsalternativen von den Gruppenmitgliedern und dem Falleinbringenden ausprobiert und vorgespielt.

## 5.8 Phase VII: Sharing

Diese Phase ist dem Arbeitsprozess im Psychodrama entnommen. Nach einem psychodramatischen Spiel, bei dem ein Protagonist oder eine Protagonistin eine kritische, konfliktreiche innere oder äußere Situation auf die »Bühne« gebracht und bearbeitet hat, kommt am Ende der Auswertung die Phase des »Sharing«. Die anderen Gruppenmitglieder sind aufgefordert, davon zu berichten, welche Gedanken, Gefühle, Ideen das Spiel bei ihnen ausgelöst hat. Ziel dieser Phase ist es, die Protagonisten, die sich mit ihrer Geschichte in der Gruppe exponiert und viel von sich gezeigt haben, wieder in die Gruppe zurückzuholen. Sie sollen erfahren, dass sie mit ihrem Erleben und ihren Fragen nicht alleine stehen, dass die anderen Vergleichbares erlebt haben. Zugleich sollen sie Auskunft darüber erhalten, was sie mit ihrem Fall bei den anderen bewirkt und ausgelöst haben (vgl. Buer 1999, S. 68): Wie haben sie mit ihrem Fall anderen Gruppenmitgliedern Erkenntnismöglichkeiten eröffnet, die aus der Distanz des nicht unmittelbar Beteiligten manchmal leichter zu nutzen sind als für die Einbringenden selbst? Für alle bringt dieser Schritt in der Regel Entlastung, gegenseitige Unterstützung und allmähliche Distanzierung von der eben geleisteten Arbeit. Im Beispiel von Herrn A. sagt am Ende ein Teilnehmer in der Phase des Sharing z. B. Folgendes:

»Hört sich vielleicht jetzt komisch an, mir geht's nach dieser Runde besser ... wenn du mitkriegst nach dieser Runde, es läuft nicht nur bei dir so blöd zur rechten Zeit [= süddeutsch für »manchmal« oder »immer wieder«], das hilft dir zwar streng genommen nicht viel, aber es ist, ich weiß es nicht, wie soll ich sagen, es streichelt die eigene Seele, so schlecht und blöd bist du gar nicht. Offensichtlich machst du nicht alles falsch, weil – anderen geht es in dieser Situation nicht anders.«

## 5.9 Phase VIII: Auswertung der Fallbesprechung – Ebenenwechsel

Am Ende einer Sitzung mit mehreren Fällen, gegebenenfalls auch nach einer einzelnen Fallbesprechung sollte der Blick auf die Gruppe selbst gerichtet werden. Sie reflektiert ihre Arbeitsfähigkeit, schaut auf die Besonderheiten des Verlaufes und seine Bedeutung für die Gruppe. Wie wurde die Fallbesprechung erlebt? Was davon ist typisch für diese Gruppe? Wo liegen die thematischen Grenzen, was darf angesprochen werden und was nicht? Wie ging es der Gruppe mit dem Fall und den Falleinbringenden? Und umgekehrt: Wie ging es den Falleinbringenden mit der Gruppe? Wie war die Stimmung? Was hat sich vom Fall in der Gruppe gespiegelt und was von der Gruppe im Fall?

In der Gruppe, in der der Beispielsfall bearbeitet wurde, brachte der Supervisor bei der Reflexion die Vorsicht und Zurückhaltung zur Sprache, die die Zusammenarbeit geprägt hatte. Warum hatte nicht mehr Emotion in den Identifikationen sichtbar werden dürfen? Hatten sich das alle ähnlich »abtrainiert« gehabt wie Herr A.?

In der anschließenden Diskussion wurde deutlich, dass neben der Angst vor Bewertung auch der Supervisor zur Vorsicht in der Gruppe beigetragen hatte. Zwei der fünf Gruppenmitglieder hatten von ihm ein aktiveres und stärker instruierendes Verhalten erwartet. Als Ausdruck ihrer Unzufriedenheit und Enttäuschung hatten sie sich zurückgehalten und abgewartet. Einmal thematisiert, konnte der Konflikt in der Gruppe, in der es unterschiedliche und widersprüchliche Erwartungen an den Supervisor gab, zur Klärung der Situation und der gegenseitigen Erwartungen beitragen.

**Methoden**

**Weitere Reflexionsfragen:**

- Dürfen widersprüchliche Beiträge nebeneinanderstehen?
- Sind besonders rationale oder besonders emotionale Beiträge erwünscht, oder werden sie missbilligt?
- Wird mit den Falleinbringenden übermäßig schonend und vorsichtig oder vielmehr übermäßig kritisch, belehrend, bewertend umgegangen?
- Wessen Beiträge gehen unter, wessen finden besondere Aufmerksamkeit?
- Was wird oft überhört? Was findet besondere Beachtung?
- Werden Rückmeldungen zum Verhalten in der Gruppe gegeben?

## 5.10 *Zum Einsatz von Methoden*

Das Ablaufschema zeigt, dass man sich als Leiter bei Fallbesprechungen oft in einem Dilemma befindet: Je mehr ich den Ablauf mit methodischen Vorgaben und Hinweisen auf die Idealform eines Ablaufs hin strukturiere, desto mehr wird die Präsentation des Falles diesem Ablauf unterworfen, und desto weniger wird sich der Fall im Arbeitsprozesse der Gruppe entfalten und spiegeln. Gerade in ungeübten Gruppen kann man jedoch methodisch die Identifikation mit den einzelnen Personen und der gesamten Situation fördern, sodass deutlich werden kann, was die einzelnen Fallbeteiligten in ihrer Lage denken, fühlen, befürchten, sich wünschen etc. Diese Identifikations- und Mitfühlbereitschaft kann gelernt und geübt werden, und der Einsatz von Methoden kann dabei helfen. Methoden sollten jedoch ein Angebot an die Falleinbringenden und die Gruppenmitglieder sein, das sie annehmen, aber auch ablehnen können. Insbesondere bei Rollenspielen und anderen szenischen Vorgehensweisen ist die Zustimmung der Beteiligten unerlässlich. Schlechte Vorerfahrungen, die Angst sich zu blamieren, der innere Vorbehalt, jemanden anders zu spielen und dies auch noch vor anderen, all dies sind weitverbreitete Ängste, die nicht übergangen werden sollten.

Wir plädieren für einen sparsamen Einsatz von Methoden, zumal ihr Einsatz mit einer verstärkten Zentrierung auf die Leitung einhergeht.

# 6 Der Fall als Erzählung – und wie sie verstanden werden kann

Die Form, in der ein Fall präsentiert wird, ist in der Regel eine Erzählung. Diese Erzählung kann spontan erfolgen oder vorbereitet sein. Ergänzt werden kann sie durch Dokumente jeglicher Art: Akten, Aufzeichnungen des Falleinbringers, ein Genogramm, das im Hilfesystem erstellt wurde. Diese Dokumente werden in der Fallvorstellung zu einem Teil der Erzählung. Im Unterschied zu ihr kann man sie auch später nochmals heranziehen, während die Erzählung im Hier und Jetzt geschieht und sofort wieder verschwindet. Anders ist dies, wenn ein Fall anhand von Transkripten, Audio- oder Videoaufzeichnungen präsentiert wird oder wenn eine Livesupervision stattfindet.

Für ein genaueres Verständnis der Erzählung beziehen wir uns nochmals auf die Unterscheidung zwischen Klienten- und Hilfesystem im Da und Dort und dem Beratungssystem im Hier und Jetzt. Die Aufmerksamkeit gegenüber einer Fallerzählung wechselt zwischen diesen beiden Ebenen, dem Da und Dort des Falles sowie dem Hier und Jetzt seiner Präsentation. *Was* wird über das *Da und Dort* erzählt, und *wie* geschieht dies im *Hier und Jetzt*? Dies ist nicht im Sinne einer scharfen Grenzziehung zu verstehen, sondern als ein Kippen oder als ein allmähliches Sichverschieben der Wahrnehmung zwischen Figur und Hintergrund. Ausgangspunkt und Endpunkt bleibt das Hier und Jetzt, in dem alles stattfindet, auch das Reden über das Da und Dort. Das Reden im Hier und Jetzt steht im Dienst des Da und Dort, über das man etwas erfahren und verstehen will. Diese beiden Ebenen und ihre wechselseitige Durchdringung sind zentral für das Verstehen von Erzählungen in der Fallbesprechungsgruppe. Das eine bedingt das andere, und man muss beide Ebenen im Blick haben. Im Folgenden wird zunächst die Erzählung als Wirklichkeitskonstruktion des Falleinbringenden und anderer Beteiligter interpretiert. Anschließend beschreiben wir die Erzählung als Beziehungsgestaltung im Hier und Jetzt und zuletzt das Spiegelungsphänomen, bei dem sich der Fall in der Gruppe und die Gruppe im Fall abbilden.

### 6.1 Die Erzählung als Wirklichkeitskonstruktion der Falleinbringerin und anderer, abwesender Fallbeteiligter

In einer Gruppe mit berufserfahrenen Mitgliedern ist in der Regel allen Beteiligten bewusst, dass die Erzählung des Falleinbringers keine objektive Wirklichkeit, sondern seinen subjektiven Blick auf diese Wirklichkeit darstellt. Die Erzählung eröffnet einen Blick auf die individuellen Wirklichkeitskonstruktionen und damit auf die Person des Falleinbringers und auf das Verständnis seiner beruflichen Rolle im Da und Dort. Es ist Sinn und Zweck einer Fallbesprechung, diese individuellen Wirklichkeitskonstruktionen durch die multiperspektivischen Wirklichkeitskonstruktionen der Mitglieder der Fallbesprechungsgruppe zu erweitern und gegebenenfalls zu verändern. In manchen Kontexten, z. B. mit weniger erfahrenen Teilnehmenden, muss dieses Verständnis von Fallbesprechungen zu Beginn der gemeinsamen Arbeit erst entwickelt werden.

Schon der Einstieg in die Fallerzählung zeigt häufig, welche Haltung der Falleinbringer ihren eigenen Wirklichkeitskonstruktionen gegenüber einnimmt. Der eine fängt seine Erzählung vielleicht mit einer aktuellen Situation oder einem zeitnahen Ereignis an, sodass die emotionale Verfasstheit zunächst im Vordergrund steht. Ein anderer präsentiert erst einmal die objektiven Daten des Falles, die beteiligten Personen, Abläufe, Aufträge und Ziele. Die Reihenfolge, in der die Facetten des Falles präsentiert werden, ist dabei nachrangig gegenüber der Frage, *ob* und, wenn ja, *wie* die verschiedenen Ebenen vom Erzähler präsentiert werden. Es wird dann z. B. nicht nur eine Information vorgetragen, sondern auch, von wem sie stammt. Wesentlich ist es, ob eigene Wahrnehmungen, emotionale Reaktionen, Bewertungen und Erklärungen unterschieden werden. Wird – zumindest auf Nachfrage – deutlich, auf welchen Vorerfahrungen das Erzählte beruht und auf welches Vorwissen in der Fallerzählung zurückgegriffen wird? Wie explizit und differenziert können diese Vorerfahrungen und dieses Vorwissen ausgeführt werden? Werden persönliche Themen des Falleinbringers berührt, und können sie benannt werden?

In einer Erzählung sind nicht nur die Wirklichkeitskonstruktionen des Falleinbringers enthalten, sondern in der Regel auch die Sichtweisen anderer Fallbeteiligter, sowohl aus dem Klienten- wie aus dem Helfersystem. Insofern haben wir es bei einer Fallerzählung mit einer Erzählung über Erzählungen zu tun. Wird diese Unterscheidung nicht vorgenommen, so kann es eine erste Aufgabe der Fallbesprechung sein, den Falleinbringer dazu aufzufordern. Dies geschieht zuallererst dadurch, dass die Informationen, die in der Erzählung enthalten sind, in einen Zusammenhang gestellt werden (Kontextualisierung): Wer hat wann was über wen gesagt? In welcher Gesprächssituation ist dies geschehen? Wer war anwesend, wer von den Fallbeteiligten aber auch nicht? Welches ist der Charakter dieser Mitteilungen? Welche objektiven Informationen sind darin über den Fall enthalten, und wie bzw. mit wem sind sie zusammengetragen worden? Welche Informationen wurden aus welcher Perspektive gewonnen? Wo decken sie sich und wo nicht? Lässt sich aus den unterschiedlichen Perspektiven eine gemeinsam geteilte Wirklichkeit aller Beteiligten herausarbeiten?

Von Interesse ist die Frage, ob die Wirklichkeitskonstruktionen einzelner Personen als objektiver oder wichtiger angesehen werden als die von anderen. Welche Begründungen gibt es dafür? Beruhen sie auf der Genauigkeit oder Glaubwürdigkeit der jeweiligen Informationen oder mehr auf der (sozialen) Position der jeweiligen Person? Im Helfersystem wird häufig bestimmten Berufsgruppen größere Autorität zugesprochen als anderen. Ärztliche und psychiatrische Diagnosen werden dann wie Fakten behandelt, eine Kontextualisierung unterbleibt. Welche Auswirkungen hat es, wenn von einzelnen Fallbeteiligten die Sichtweisen anderer akzeptiert oder eben nicht akzeptiert werden?

Verschiebt sich die Aufmerksamkeit gegenüber der Erzählung darauf, *wie* sie erzählt wird, wandert das Hier und Jetzt schon etwas mehr in den Vordergrund: Ist sie kurz oder lang und ausschweifend? Hat die Erzählung den Charakter eines Sachberichtes, eines Dramas, eines Krimis, einer Komödie? Betrachtet man den literarischen Charakter der Geschichte, mit welchem weiteren Verlauf ist dann zu rechnen, was würde zum gewählten Genre passen? Warum wird die Geschichte in dieser Form erzählt? Wie bewusst erscheint die Form der Erzählung vom Erzähler gewählt und gestaltet? Oder wie sehr ist der Erzähler selber Getriebener seiner Erzählung? Zur Form der Erzählung gehört auch die Art ihres Vortrages. Wird sie laut oder leise, schnell oder langsam, monoton oder emotional erregt erzählt? Eine Falleinbringerin erzählt z. B., sie habe einen ziemlich chaotischen Fall, den sie vorstellen wolle. Die sich anschließende Erzählung ist dann selber chaotisch. All dies hat Informationswert für den Fall. Und ebenso, wie man literarische Formen danach befragen kann, auf welche emotionale Reaktionsweisen der Leser sie abzielen, kann man dies auch für eine Fallerzählung tun: Was sagt diese Form aus über die Falleinbringerin, ihre Stärken und Schwächen, ihre Befürchtungen und blinden Flecken?

## 6.2 Die Erzählung als Beziehungsgestaltung im Hier und Jetzt

Die gewählte Form der Erzählung gibt zugleich Hinweise darauf, wie der Erzählende die Gruppe der Zuhörenden wahrnimmt, wie groß sein Vertrauen ist, als wie hoch er die Kompetenzen der Mithörer einschätzt, was er bei der Erzählung als geteiltes Wissen voraussetzt. Dies wird bei den Zuhörern Reaktionen hervorrufen in Form von Emotionen, Fantasien, Hypothesen. All dies kann man als Hinweise zum Fall verstehen; möglicherweise hat es aber mehr mit der Beziehungsgestaltung des Falleinbringers in der Gruppe und den Beziehungen der Gruppenmitglieder zu ihm zu tun. Wenn sich die Aufmerksamkeit darauf richtet, verändert sich der Arbeitsauftrag, weg vom Fall hin zur Arbeitsbeziehung im Hier und Jetzt. Dieser Auftrag sollte bei der betreffenden Person auch eingeholt werden. Wird er nicht erteilt, so stehen Kontrakt, Auftrag und Arbeitsbündnis zur Disposition und sollten überprüft werden. Das Arbeiten im Hier und Jetzt im Sinne beruflicher Selbsterfahrung sollte kein Selbstzweck werden, sondern am Ende wieder zum Fall zurückführen. Berührt ist hier aber nicht nur die Arbeitsfähigkeit des Falleinbringers, sondern die der Gruppe insgesamt. Kann eine Gruppe z. B. einen individuellen Schutzraum beim Falleinbringer und die damit verbundene thematische Grenze akzeptieren, wenn er sich nicht darauf einlassen will, sein Verhalten im Hier und Jetzt zum Thema zu machen?

## 6.3 Falldynamik im Da und Dort und Gruppendynamik im Hier und Jetzt – Das Spiegelungsphänomen als Modell wechselseitiger Beeinflussung

Die in der Erzählung stattfindende Verschränkung vom Da und Dort des geschilderten Falles und dem Hier und Jetzt, in dem die Fallarbeit stattfindet, wollen wir nun ausführlicher betrachten. Als Arbeitshypothese gehen die meisten supervisorischen Verfahren für Fallbesprechungen davon aus, dass sich der Fall und seine Dynamik während der Fallarbeit in der Gruppe widerspiegeln können und dass man diese Reaktionen im Hier und Jetzt nutzen kann, um Hypothesen über die Handlungen und Reaktionen der Fallbeteiligten im Da und Dort aufzustellen.

Wie schon in der Einleitung ausgeführt, geht die Arbeit mit Spiegelungsphänomenen auf den Psychoanalytiker Michael Balint zurück. Die zugrunde liegende Idee ist eng mit dem Konzept Übertragung/Gegenübertragung (Oberhoff 2017) verbunden. Ebenso wie dieses Konzept hat jene Idee ihre ursprüngliche theoretische Heimat bei der Psychoanalyse inzwischen verlassen und ist zu einer weithin geteilten Grundhypothese und zu einem verbreiteten Arbeitsinstrument geworden. Im Zentrum des psychoanalytischen Arbeitsmodells steht die Annahme, dass in der Beziehung zwischen Klient und Analytikerin nicht nur über persönliche Probleme und Konflikte gesprochen wird, sondern dass diese Probleme und Konflikte sich in der Arbeitsbeziehung aktualisieren (können). D. h., frühere Beziehungserfahrungen, insbesondere in der Primärgruppe der Familie, gebildet aus Eltern und Geschwistern, werden in der Beziehung zum Analytiker wieder lebendig und damit vom Da und Dort ins Hier und Jetzt hineingeholt.

Diese Übertragung genannte Aktualisierung geschieht aber unter anderen Bedingungen als damals. Ein gelungenes Arbeitsbündnis ermöglicht es, die zurückliegende Erfahrung nicht nur erneut emotional zu erleben, sondern sie auch in Worte zu fassen. Die problematische Situation von damals kann neu verstanden werden, und vor dem Hintergrund der gleichfalls neuen Erfahrung im Hier und Jetzt können veränderte bzw. erweiterte Handlungsoptionen für die Zukunft entwickelt werden. Damit dies gelingen kann, muss die Analytikerin in der Lage sein, nicht nur diese Übertragung zu verstehen und auszuhalten, sondern auch ihre (Gegen-)Übertragung auf den Klienten. Voraussetzung dafür ist es, dass die Analytikerin in ihrer psychoanalytischen Selbsterfahrung die eigenen Reaktionsbereitschaften verstehen gelernt hat. Erst dies versetzt sie in die Lage, ihre (Gegen-)Übertragung für ein Verständnis des Klienten zu nutzen.

Balint und mit ihm die Tradition von Gruppenanalyse, Gruppendynamik, Gruppenpsychotherapie und Gruppensupervision gehen davon aus, dass diese subjektive Beschränkung, die in der klassischen dyadischen Situation von Psychoanalyse bzw. Einzeltherapie liegt, in einer Gruppensituation zwar nicht prinzipiell überwunden wird, dass durch die multiplen (Gegen-)Übertragungen aber doch ein deutlich weiter gehendes und breiteres Verständnis ermöglicht wird. Dies gilt sowohl für die Gruppenarbeit mit den Klienten selbst als auch für die Fallbesprechung dieser Arbeit in einer Gruppe. Das Arbeitsmodell von Balint-Gruppen sieht dafür einen Zweischritt von traditioneller Datenerhebung einerseits und der »freien Assoziation« bzw. der Hypothesenbildung andererseits vor. Ziel ist die

> »Generierung von Erkenntnis durch emotionale und kognitive Selbstbeobachtung (in freier Assoziation) im Wechsel mit distanzierter kognitiver Datenerhebung (konkretes Nachfragen)« (Mattke 2006, S. 31).

Es wird angenommen, dass sprachlich noch nicht präzisierte Aspekte des präsentierten Falles in den Einfällen und Interaktionen der Gruppenteilnehmer gespiegelt werden und in einem nächsten Schritt der Reflexion zugänglich gemacht werden können. Natürlich geschieht dies in eingeschränktem Maße auch in einem Einzelsetting, doch erst in einer Gruppe können die vielfältigen, zum Teil widersprüchlichen Assoziationen eine Stimme bekommen. Dies gilt nochmals in gesteigertem Maße, wenn eine Gruppe sich mit einer Gruppe beschäftigt.

Eine Fallbesprechungsgruppe ist aber kein »leerer Spiegel«, sondern eine soziale Gestalt mit ihrer je eigenen Dynamik, die Einflüssen eigener Art unterliegt. Die Voraussetzungen für eine Arbeit mit Spiegelungsphänomenen müssen daher in der Gruppenarbeit immer wieder entwickelt werden. Erst dies schafft – metaphorisch gesprochen – die Voraussetzung dafür, dass der

Spiegel so weit geleert werden kann, dass er zur Hypothesenbildung über die Dynamik des besprochenen Falles zur Verfügung steht. Anders als in der klassischen Balint-Gruppen-Arbeit gehen wir daher davon aus, dass die Beziehungen zwischen Klientensystem, Helfersystem und dem Beratungssystem von allen Seiten her beschrieben werden können und auch müssen. Im Fallbeispiel in Kapitel 7 tauchen alle diese Ebenen und damit verbundene Wechselwirkungen in je eigener Gestalt auf (vgl. zusammenfassend S. 101, Abb. 4). Vereinfachend gesagt, heißt das: Phänomene auf der Seite des Klientensystems reproduzieren sich durch multiple Übertragungen und Gegenübertragungen im Helfersystem. Entsprechendes gilt für die Beziehung des Helfersystems zu seinem organisatorischen Kontext. Auch diese Beziehung kann in beide Richtungen gedacht werden. Der organisatorische Rahmen mit seinen Rangordnungen, Machtproblemen und Positionen beeinflusst die Dynamik eines Teams, ein Team und seine Mitglieder positionieren sich gegenüber der Organisation in spezifischer Weise, z. B. in Anpassung oder Auflehnung, was sich wiederum auf die im Team entwickelten Hypothesen über den Klienten auswirken kann. Gibt es ein davon unterschiedenes Beratungssystem, so setzt sich die wechselseitige Beeinflussung fort.

# 7 Fallbesprechungen zwischen Falldynamik und Teamdynamik – Ein Fallbeispiel

Im Folgenden analysieren wir eine Fallbesprechung im Team anhand ausgewählter Passagen einer transkribierten Bandaufnahme. Leser, die noch keine Erfahrung mit einer solchen Analyse in der Tradition qualitativer Sozialforschung haben, sind eingeladen, sich darauf einzulassen, auch wenn es ihnen anfangs Mühe machen sollte. Schon das Lesen von nicht geglätteter wörtlicher Rede kann für die Leser beim ersten Mal etwas Irritierendes haben. Und es ist wie bei der Besprechung von Fällen auch: Um das Erzählte verstehen zu können, muss man Fremdes auf sich wirken lassen. Vielleicht muss man die eine oder andere Passage zweimal lesen, um die Interpretation nachvollziehen zu können. Ausgesucht haben wir die Sequenz nicht, um ein Beispiel von Best Practice vorzuführen. Entscheidend war vielmehr, dass eine Vielzahl der von uns beschriebenen bei Fallbesprechungen wirksamen Phänomene, Prozesse und Steuerungsfragen auftauchen, insbesondere die Wechselwirkung zwischen der Gruppendynamik der Fallbesprechungsgruppe im Hier und Jetzt und der Falldynamik im Dort und Damals. Anhand dieses Falles kann all dies eng am Material entlang kommentiert werden. Wir wollen Fallbesprechungen nicht (nur) modellhaft darstellen, sondern die tatsächliche Praxis mit ihren Besonderheiten und Umwegen, Stärken und Schwächen sichtbar machen.

## *7.1 Struktur des untersuchten Teams und Bedingungen der Materialerhebung*

Das Material stammt aus der Fallsupervision mit dem Team der Beratungsstelle eines freien Trägers der Jugendhilfe. Die Supervision läuft seit drei Jahren, in der Regel alle 14 Tage 1,5 Stunden, unterbrochen durch Ferienzeiten. 2015 fanden 17 Termine statt, zwei davon als Doppeltermine zu Teamfragen. Das Kernteam umfasst zurzeit neun fest angestellte Personen, darum herum gruppieren sich weitere ca. sechs Personen mit Honorarverträgen. Eine von ihnen nimmt regelmäßig teil und kann zum Kernteam gezählt werden, die anderen kommen gelegentlich. Einige aus dem Kernteam arbeiten schon lange zusammen, teilweise über 25 Jahre. Fünf davon werden das Team in den nächsten zwei Jahren verlassen, es steht also ein Generationswechsel an. Sowohl die Leitung der Beratungsstelle wie die therapeutische Leitung nehmen mit eigenen Fällen an der Supervision teil. Fälle werden zumeist im Vorfeld angemeldet.

Mit dem Hinweis auf das vorliegende Buchprojekt wurden fünf Sitzungen aufgenommen, abgehört und eine davon zur Transkription ausgewählt. Dieses Material (58 Seiten) wurde von mir (O. K.) interpretiert. Der Gegenstand der Interpretation war daher auch das eigene Handeln (von O. K.); dies kommt den Bedingungen der Aktionsforschung nahe. Die dabei auftretenden Probleme haben wir an anderer Stelle dargestellt (Antons et al. 2004). Der so entstandene Text wurde dann mit K. S. sowie weiteren Personen diskutiert. Die Ergebnisse dieser Diskussionen gingen wiederum in eine überarbeitete Fassung ein. Sie wurde dann mit dem Team besprochen, dazu am Ende mehr.

An der dokumentierten Sitzung nahmen insgesamt acht Personen teil. Neben dem Supervisor (Sv) sind dies (F = Frau, M = Mann):

- F1: Honorarkraft, arbeitet seit ca. 24 Jahren für die Einrichtung, zuerst im Wohngruppenbereich, dann in der aufsuchenden Familientherapie (AFT), kommt nur gelegentlich zur Supervision, meist wenn sie eigene Fälle einbringen will. Heute Falleinbringerin.
- F2: Fest angestellt in Teilzeit seit ca. 18 Jahren, arbeitet auch freiberuflich.
- F3: War 18 Jahre lang fest angestellte Mitarbeiterin, führt nach ihrer Pensionierung noch einzelne Prozesse weiter.
- F4: Fest angestellte Kraft, als Schwangerschaftsvertretung seit ca. zwei Jahren im Team.
- M1: Honorarkraft, arbeitet seit ca. vier Jahren für die Einrichtung, Falleinbringer.
- M2: Honorarkraft, arbeitet seit ca. 14 Jahren für die Einrichtung, kommt regelmäßig zur Supervision und gehört zum Kernteam, arbeitet auch freiberuflich.

- M3: Fest angestellt in Vollzeit seit ca. 25 Jahren, derzeit als therapeutischer Leiter.

Die Teamsituation ist also von strukturellen Unterschieden geprägt, die Alter, Geschlecht, Dauer der Zugehörigkeit, Anstellungsverhältnis, Position und Modus der Teilnahme an der Supervision betreffen. Einige davon werden eine Rolle spielen.

## 7.2 Die Präsentation des Falles

Der Fall wird von den Honorarkräften M1 und F1 präsentiert, die beide nur selten an der Supervision teilnehmen können. Sie haben den Fall im Vorfeld angemeldet, der Einstieg in die Fallbesprechung ist zögerlich. M1 zeichnet zu Beginn ein Genogramm der Familie auf ein Flipchart, während seine Kollegin F1 noch wartet, bevor sie in die entstehenden Seitengespräche der Kollegen hinein mit der Falldarstellung anfängt.

F1: Es geht um den Sohn O., der ist zehn Jahre alt, wird elf, geht zum Gymnasium. Die Mutter kam völlig ausgebrannt, sitzt im Jugendamt und weint, weint, weint die ganze Zeit. Und ihr Sohn traktiert sie. Einerseits muss sie sich einschließen, weil der Sohn sonst hinter ihr her ist und sie schlägt und bedroht, und dann kommt er wieder: Ach Mama, ich liebe dich über alles! Er ist ein Scheidungskind, getrennt, seit wie viel Jahren ungefähr?

M1: Oh, schon länger, also acht ... sieben, acht Jahre.

F1: Ja, also, ist schon so ein ... das kennt er schon recht lange, diese Situation. Sie ist also alleinerziehend. Der Vater ist immer nur so sporadisch erreichbar, arbeitet zurzeit in J., sie lebt hier in M., aber der ... also, er ist wirklich dermaßen zerrissen ... zerrissen, dieses Kind, also will natürlich immer mal wieder zum Vater, der sich aber kaum meldet. Und die Mutter legt dem auch keine Steine in den Weg, sagt natürlich, ich will das. Also, was uns aufgefallen ist, dass die überhaupt keine gerichtlich entschiedene, äh, äh, Umgangsregelung haben. Also ne, so dieses Vierzehntägige oder so, also was für den Jungen ... für ... also unserer Meinung nach eine gute Orientierung wäre. Das hat sie mal versucht, und das gelingt aber nicht, weil der Vater da nicht ... das ... das nicht einhält. Und dementsprechend holt der Sohn sich doch immer mal wieder einen

Frust ab. Und wenn der Sohn, der O., mal beim Vater ist, dann bringt der das auch so, dass sie sagt: Nein, der muss aber Sonntag wieder zurück, weil er halt ... schreibt eine Klausur oder eine Arbeit, und bringt ihn dann erst dienstags oder so, ja? Also, das ist so, ob Schule oder nicht, na ja, gut, also viel Willkür ist da. Also, das versuchen wir jetzt auch übers Jugendamt, über Frau K., zu erwirken, eine Einladung des Herrn R. Er wehrt sich sowieso grundsätzlich und sagt, das ist ein Affront gegen mich, dass überhaupt eine Familienhilfe in der Familie ist, die ... Mit der Frau K. spreche ich überhaupt gar nicht mehr. Die mischt sich in unsere Sachen ein. Und ist auch schon gerichtlich vorgegangen. Und das Gericht hat es aber abgelehnt, weil die schon das sehr sinnvoll ... als sinnvoll erachten, dass wir da in der Familie sind und unterstützend wirken. Jetzt haben ... hat Frau K. noch mal versucht, ihn einzuladen, dann aber ... [Kürzung.] Und der O. ist unheimlich redegewandt, das ist unglaublich. Kann unwahrscheinlich freundlich sein. Also so diese ... dieses Schwarz-Weiß, das spüren wir auch ganz deutlich, ja, dass er ... [affektiert gesprochen:] »Warum sprechen Sie denn nicht dann mal mit meiner Mutter? Also, mit der müssten Sie mal sprechen«. Und ... aber so richtig, so ganz zickig und ... und dann ist er extrem höflich. Ja, vielen Dank und Hand ... Hand schütteln und ... ja, und ... erst mal versuchen wir sehr an ihrer Klarheit auch zu arbeiten, warum es ihr nicht gelingt, klar zu sein, und warum sie sich immer aus der Bahn werfen lässt und ... Also, sie hat sich da schon ... auch schon einen richtigen Tyrannen rangezogen so, ne? Also ...

M1: Ja, und wir haben halt eben den ... ja, den ganz klaren Eindruck, dass er im Prinzip das jetzt alles ausbaden muss und ausbadet mit seiner ... mit seinem Verhalten dann auch. Also, dieses Höfliche ist so aufgesetzt oder eben auch teilweise so ... Wir sagen schon, es ist schon fast Schleimen bei ihr, so irgendwie: Ach, du bist die Allerbeste ... und so weiter. Und das gar nicht echt ist, sondern eher so, um irgendetwas zu erreichen, aber er ... er muss es quasi jetzt alles durch diese Dynamik, die da entstanden ist, also zwischen den Eltern als auch zwischen seiner Mutter und ihm, ausbaden ... und ... und muss sich dann so ... so geben oder eben auch teilweise dann so wieder sie entwerten: Na, du hast mir das wieder nicht erlaubt. [Kürzung.] Er sagt dann auch einmal, haben wir ein Gespräch gehabt, das war ganz gut mit ihm. Er hat auch gesagt irgendwie, er will eigentlich ... beim ... beim Papa ist es nix. Also das konnte er auch sagen, ne, bei der Mama aber auch nicht. [Kürzung.] Und sie knickt dann auch wirklich ein in unserem Beisein auch, wird dann so ganz still und sagt irgendwie nichts mehr. Und da sind wir irgendwie auch noch nicht so richtig weitergekommen. Und meine Frage ist dann – deine ja auch –, ist, wie wir sie, wie wir sie so stärken können oder überhaupt die ganze Familie unterstützen können, weil wir viele Hinweise geben an ... auf die Dynamik, was so alles passiert und wie sie damit umgehen könnte. Auch mal mit dem O. sprechen. Aber so den Eindruck haben, dass ... oder ich habe den Eindruck so bisschen, das verpufft so irgendwie. Ich habe dann auch beim letzten Gespräch mehrmals gefragt: Was unterstützt Sie denn? Also ne, die Mutter habe ich dann gefragt, gefragt, war mal alleine mit ihr, was ... von dem, was wir bisher gemacht haben. Wir sind wie viel Monate auch schon so ... fünf Monate? Vier?

F1: Gefühlt finde ich es noch nicht so lange.

M1: Ja, okay, aber ... also, wir haben schon viele Angebote gemacht so, in welche Richtung man denken könnte, in welche ... auch wir haben ganz konkrete Vorschläge gemacht, wie man damit umgehen könnte. Und habe ich dann konkret nachgefragt, wie ... was davon können Sie jetzt dann ... womit können Sie was anfangen? Und dann kommt im Prinzip ein kurzes Nachdenken, und dann erzählt sie wieder, wie schlimm es alles ist. Also, was der O. eben alles macht und so. Also, vielleicht, ich weiß nicht, ganz typisch vielleicht nicht, aber dieses Klagende, also Klagende, aber es ist schon so, dass wir das Gefühl immer wieder hatten, mit der kann man gut arbeiten, da kommt irgendwie was an. Aber plötzlich ... genau, wir hatten dann auch einen Punkt vor vielleicht einem halben ... ja, vor einem Monat oder so irgendwie, wo wir gedacht haben, jetzt ist ein guter Prozess, sie ist irgendwie gestärkt ... und dachten schon, oh ja, okay, und dann kam letzte oder vorletzte Woche schon wieder so'n Einbruch und irgendwie, ich kann ... Also, vielleicht ist es auch eine Entwicklung. »Aber ich will nicht mehr so weiter, und am besten vielleicht doch irgendwie, äh, äh, soll er nicht mehr hier wohnen und so weiter.« Und wobei gar nicht klar ist ...

F1: Sie sagt, ich kann nicht mehr, also ...

M1: Ich kann nicht mehr, genau.

F1: Er beschimpft sie nämlich ganz übel.

M1: Aber es ist so was, wo auch nichts draus folgt, glaube ich, ne? Also, das ist ja das, ne? Es ist nicht so eine Entwicklung, wo man jetzt sagen würde, okay, jetzt steht sie an irgendeinem Punkt, wo man sagen würde, da ... da können wir jetzt dran. Sondern ich vermute mal, beim nächsten Mal kommt wieder irgendwas anderes und ...

M2: Ist doch das Gleiche. Also, ich meine, die gibt doch euch die gleiche Botschaft, die sie selber hört. Ihr könnt nix! Ihr könnt nix, das nützt doch alles nichts, was ihr macht.

M1: Ja, das Komische ist ja, sie gibt so Signale zwischendrin, es tät ihr gut, das zu besprechen. Ist ja das Typische bei Klagenden oder so, aber wir haben auch das ... den Eindruck gehabt zwischendurch, dass sie wirklich gestärkt ist.

F1: Aber es ... also es muss ... es ist aber auch so dieses ... dass sie eingebrochen ist. Er war eine Woche krank, und sie hat sich wirklich große Sorgen um ihn gemacht. Also, er hatte einen ganz starken Reizhusten. Also, das machte so einen allergischen Eindruck. Aber auch für uns ... psychosomatischen. Konnte dann auch nicht zur Schule und war dann eine Woche zu Hause. Und da war also die Tyrannei ... war natürlich 24 Stunden, ja? Also, das ist natürlich noch schlechter aushaltbar ... das einmal. Und jetzt geht sie ... jetzt geht sie für drei Wochen in Kur.

M2: Sie?

F1: Und ... mit ihm.

M2: Mit ihm [lacht leise].

Diese leicht gekürzte Anfangssequenz umfasst ca. 10 Minuten, entspricht also dem, was in den geläufigen Ablaufmodellen für eine Fallpräsentation vorgesehen wird. Gleich zu Anfang entsteht szenisch ein Kontrast zwischen der Präsentation des Genogramms, eines eher versachlichenden Mittels der Informationsdarstellung, und der sich anschließenden Präsentation, die wenig vorbereitet erscheint. Sätze werden abgebrochen, nach einem eingefügten Gedanken wieder aufgenommen, es gibt diverse Gedankensprünge. Verstärkt werden diese Effekte dadurch, dass der Fall von zwei Personen abwechselnd präsentiert und diese Präsentation auch noch von einem Teammitglied (M2) mit einem Kommentar unterbrochen wird. Die verschiedenen Ebenen einer solchen Erzählung – die Schilderung des Geschehens im Klientensystem; Gedanken darüber; Umfang und Abfolge bislang erfolgter Gespräche –, alles wird angesprochen, aber wenig geordnet. Zentrale Informationen, z. B. wie lange die Eltern getrennt sind oder wie lange die Gespräche schon dauern, werden zwar genannt, sie bleiben aber im Ungefähren. Insgesamt ist die Erzählung sowohl inhaltlich wie formal stark emotional gefärbt, F1 scheint eher mit der Mutter identifiziert, M1 stärker mit dem Sohn.

Inhaltlich-sachlich entsteht folgendes Bild der Situation: O., ein elfjähriger Junge, lebt nach der Trennung der Eltern seit ca. 8 Jahren bei der Mutter. Zu ihr hat sich ein hochambivalentes Verhältnis herausgebildet, das zwischen Verehrung und Abwertung hin und her pendelt. Es gibt Kontakt zum Vater, aber keine formale Umgangsregelung. Abmachungen zum Umgang werden vom Vater selten eingehalten. Er ist über die Einschaltung des Jugendamtes verärgert, hat auch dagegen geklagt, aber erfolglos. Zur Kooperation scheint er nicht bereit. Im Helfersystem waren bislang drei Instanzen beteiligt, Jugendamt, Gericht und Beratungsstelle. Der Auftrag lautet »aufsuchende Familientherapie«, es werden aber weder Ziele des Jugendamtes benannt, noch wird von einem inhaltlichen Auftrag aufseiten der Mutter oder des Sohnes berichtet, vom Vater ohnehin nicht. In die Fallgeschichte eingewoben sind Annahmen der Falleinbringenden über die Dynamik der Familie und einzelner ihrer Mitglieder, insbesondere der Mutter und des Sohnes O.

## 7.3 Die Besprechung des Falls

Die Anfangssequenz endet mit einem ersten, etwas unvermittelten Einwurf seitens eines Teammitgliedes. Es beschreibt einerseits eine Spiegelung (»[...] die gibt doch euch die gleiche Botschaft, die sie selber hört«), nimmt andererseits diese Botschaft selber nochmals andeutungsweise auf, indem es die Aussage quasi ohne Anführung wiederholt. Dadurch wird diese Aussage selber zu einer Spiegelung: »Ihr könnt nix, das nützt doch alles nichts, was ihr macht.« Die Vermutung liegt nahe, dass M2 dies auch so sieht. Verstärkt wird dies durch die unmittelbar folgende Sequenz, in der M2 seine Bewertung der geplanten Mutter-Kind-Kur deutlich macht, nicht zuletzt durch sein leises Lachen. Mit der kurzen Erwiderung von M1 vervollständigt sich das erste Mal in Ansätzen ein Interaktionsmuster zwischen den Falleinbringenden und dem Beratungssystem, durch das die Spiegelung in Gang gesetzt und aufrechterhalten wird, selbst nachdem sie als solche angesprochen worden ist. Während die beiden Falleinbringer auf Rückmeldungen mit weiteren Informationen reagieren und sich in der Folge in der Beratung tendenziell abgewertet fühlen, erleben die beratenden Teammitglieder die Falleinbringer als »Klagende«, die den Eindruck vermitteln, nichts hören zu wollen.

Um den unvermittelten Einstieg von M2, der diesen tendenziell in die Co-Leitung bringt, etwas abzumildern, versucht der Supervisor nach dieser Sequenz, zu weiteren Eindrücken aufzufordern. Damit kann er sich aber nicht durchsetzen, vielleicht weil das angesprochene Muster schon zu wirksam ist. Im nächsten Schritt geht er daher nochmals zurück zu den Falleinbringenden und fordert sie auf, ihre Anfrage für die Beratung zu formulieren.

F1: Ja, ich finde, dass wir, so gefühlt, in der Sackgasse sitzen. Und also eine ...

M1: Wir, ne, also ...

F1: Wir. Also, das ... also, wir können jetzt noch weiter daran arbeiten, sie zu stärken. Was mir fehlt, ist wirklich dieser Vateranteil, ja, der ... weil sie also von ... von der Gewichtung her unheimlich viel rackern muss, das wird sie aber auch weiter noch. Und er ist so im Nebel, existiert irgendwie nur so am Rande.

Sv: Aber Ihre Auftragslage ist ja mit der Mutter, nicht?

F1: Ja, ja, mit der Mutter.

Sv: Sie haben ja mit dem Vater gar kein ...

F1: Ja, also, systemisch betrachtet ...

M1: Genau.

Sv: Aber es gibt keinen Auftrag.

Zwar wird mit *Sackgasse*[2] ein zumindest impliziter Auftrag formuliert (nämlich: aus der Sackgasse herauszukommen), aber schon im nächsten Satz wechselt F1 auf ein neues Terrain und thematisiert die Rolle des Vaters. Für ein Verständnis der Situation ist es sicherlich sinnvoll, seine Rolle zu berücksichtigen, ein Auftrag ist von ihm aber nicht zu erwarten. Darauf zielte jedoch die Frage. Sie wird nicht beantwortet, stattdessen wechselt F1

2 Im Folgenden dient die *Kursivsetzung* im laufenden Text nicht der Hervorhebung, sondern der Markierung von Zitaten aus dem Transkript, damit das Originalmaterial und seine Interpretation besser unterscheidbar sind.)

die Ebene. Auch dem Supervisor gelingt es an dieser Stelle nicht, aus dem einmal in Gang gesetzten Interaktionsmuster hinauszutreten. In der Ahnung, dass ein weiteres Beharren auf einer konkreteren Auftragsformulierung zu diesem Zeitpunkt wenig Aussicht auf Erfolg hat, wendet sich der Supervisor an das Team.

Sv: Lassen wir mal eine Runde machen. Die Kollegen zappeln hier alle schon!

F1: Ja [lacht]? Schön [lacht]!

M3: Gehe ich recht in der Annahme, dass Ihr da unheimlich ackert? Also, mir ist undeutlich …

F1: Doch, schon mal so, ne?

M3: Mir ist undeutlich, also … ne? Man soll ja immer die Klienten ans Arbeiten kriegen, ne [lacht]?

F1: Ja, ja. Ja, ja.

M3: Und das … das verschließt sich mir noch, also inwieweit … ne? …

M1: Das Komische ist, wir hatten …

M3: Warte doch mal! Lass doch mal zu Ende, ne? Bist ja schon wieder am Arbeiten [lacht]! Also, mir … mir erschließt sich nicht, inwieweit, ne, die … das System da ans Arbeiten kommt. Der Junge sagt, reden Sie mit meiner Mutter, ne? Die Mutter macht immer großen [… unverständlich …] und, ne, klagt da rum. Der Vater sagt also: Euch sehe ich am liebsten von hinten und will euch sogar gerichtlich da rausklagen sozusagen, ne? Also, ja, und … und ihr … ihr … ihr arbeitet, ja? Und kommt in die Sackgasse, ne? Und … also, als, als Frage: Wie kommen die ans Arbeiten?

F1: Mhm.

M3: Ja, oder wie kriegt man noch mal deutlich herausgeschält, was die wirklich wollen? Und, ja, wie kriegt man das in Aktion?

F1: Mhm.

M2: Ich finde, dass, sozusagen, der Fehler darin besteht, den Fokus auf das Leiden zu legen, ne? Die haben da was von. Sonst würden sie sich nicht so verhalten.

F1: Ja, ja.

M2: Ja, ja, nicht? Ja, ja. Aber ich meine, das Ding ist ja … also, wenn … wenn ich euch zuhöre, denke ich, alles was … was passiert … Natürlich gibt's den Auftrag vom … vom Jugendamt, also so oder irgendwie, wer auch immer euch … ihr werdet ja bezahlt, ne? Und natürlich leidet die Mutter mit irgendwelchen Anteilen und

> auch O., aber, also, die ... das System wehrt sich ja dagegen, ne, dass da was verändert wird, ne? Das ist ja nur oberflächlich. [Kürzung.]
> F2 (kurze Pause): Wir sammeln ja jetzt gerade hier ...
> F1: Ja, ja, wir hören uns das erst mal nur so an [lacht] ...

In dieser Sequenz wird nochmals deutlich, wie schwer es den Falleinbringenden fällt, Reaktionen der Zuhörenden nicht gleich wieder mit neuen Informationen oder Argumenten zu begegnen. Der therapeutische Leiter, M3, reagiert auf dieses Muster und verweist erneut auf die stattfindende Spiegelung *(Bist ja schon wieder am Arbeiten!)*, auf die Notwendigkeit eines Auftrages der Klienten *(... was die wirklich wollen)* und die Frage ihrer Kooperationsbereitschaft *(Wie kommen die ans Arbeiten?)*. Während dem noch mit Zustimmung begegnet werden kann *(Mhm)*, verstärkt der nächste Kommentar von M2, in dem er von einem *»Fehler«* spricht, sofort wieder die Abwehr von F1 *(Ja, ja.)*; darauf reagiert wiederum M2 deutlich verärgert. Der anschließende Versuch von F2, dies wieder etwas zu glätten, wird aber zurückgewiesen *(Ja, ja [...].)*.

F2 bleibt davon aber unbeirrt und bietet im (hier nicht dokumentierten) weiteren Verlauf ihrerseits den Falleinbringenden Ideen an zur Klientendynamik. Sie wird unterstützt von ihrer Kollegin F3, die dabei auch nochmals, allerdings mit weniger scharfen Worten, die These von M2 aufgreift: *Und eigentlich darf ja auch nix helfen*. Dies veranlasst im Anschluss daran den Supervisor noch einmal zu der Frage: *[...] ob das eine Auftragslage ist, die auf die Dauer aufrechtzuerhalten ist*, was wiederum durch ein *Ja, ja* von F1 pariert wird. Genauso wenig wie im Hilfesystem gelingt es im Beratungssystem, den Auftrag zu klären. Die Interaktion erinnert an eine Schiffschaukel, die zwischen Falldarstellung und Auftragsklärung hin und her pendelt, mit diversen Steuerungsversuchen aus dem Team und vonseiten des Supervisors. Dies wirft die Frage auf, ob der Supervisor die Falleinbringenden mehr hätte schützen sollen und ob sie dann eher einen Auftrag hätten formulieren können, der auch die Thematisierung ihrer jeweiligen Identifikation enthalten hätte.

Das Scheitern dieser Versuche zur Auftragsklärung legt zugleich die Vermutung nahe, dass über die angesprochenen Faktoren hinaus noch anderes bedeutsam sein könnte. Ein erster Hinweis darauf zeigt sich an einer Stelle nach fast 30 Minuten, als die erneute Frage des Supervisors nach dem Auftrag diesmal nicht von den Falleinbringenden, sondern von jemandem aus dem Team (F2) zurückgewiesen wird. F2 schlägt stattdessen vor, inhaltlich *analytisch* auf der Fallebene zu verbleiben, *eben auch noch die Schicht drunter*. Damit erweckt sie Widerspruch bei dem anderen maßgeblich beteiligten Kollegen (M2) aus dem Team: *[…] also, ich finde die Auftragsfrage sehr berechtigt. […] Ich finde die Dynamik, die wir hier [lacht] entwickeln jetzt über eine halbe Stunde, entspricht wieder exakt dem, was ihr aus dem System berichtet*. Unmittelbar darauf geht er aber dann selber wieder auf die Inhaltsebene und formuliert weitere Hypothesen zum Fall. Damit setzt er die gerade noch von ihm beschriebene Dynamik fort, und es folgt eine weitere Runde, in der von den Fallenbringenden neue biografische Daten eingebracht werden. Dabei verschiebt sich allerdings allmählich die Hauptachse der Interaktion, sie findet zunehmend weniger zwischen Falleinbringenden und Team statt, sondern zwischen anderen Teammitgliedern und verlagert sich in die Auseinandersetzung mit dem Supervisor, wie die folgende Sequenz zeigt.

Sv: Ja, man könnte jetzt, wenn ich also wieder mit dem blöden Auftrag kommen kann, sagen, dass wir hier sozusagen auch keinen Auftrag hinkriegen, so wie Sie vorhin auch nicht. Und das mit dem in die Tiefe gehen kann ich jetzt nachvollziehen, aber wir haben hier in der Supervision häufig den Fall, dass Sie Aufträge sehen, die niemand gegeben hat. Weil sie interessant sind! Sie sind offensichtlich interessant, aber es hat sie niemand ausgesprochen. Also, das hat ja auch niemand ausgesprochen, in die Tiefe zu gehen, sondern was ich gehört habe, ist, das Jugendamt hat die Interessen daran und die … die beiden dort auch an der Frage, dass das da aushaltbar wird in der Familie und der Junge nicht draufgeht.

F2: Ist das denn nicht in die Tiefe gehen?

Sv: Na ja, aber was, was da jetzt für nötig ist, um das vorwärtszubringen, dieses Anliegen, ja, das … da kann man gucken, wie viel Tiefe braucht man dafür? Aber ich habe nicht gehört, dass die dort sozusagen eine Therapie sucht, die Frau. Oder der … was über ihre Herkunft erfahren will. Und ich habe das ... habe dazu keine Aufträge gehört.

M2: Und man kann auch, wenn ein Auftrag nicht vorhanden ist, aber man das Gefühl hat, es könnte sozusagen ... es wäre gut, wenn es einen Auftrag gäbe ...

Sv: Gäbe ...

M2: So, dann könnte man den Auftrag hypothetisch formulieren und könnte sozusagen versuchen, ob denn das System oder die Systemverantwortlichen zu gewinnen wären, ne?

Es zeigt sich eine Tendenz, dass die Männer (inklusive des Supervisors) über Aufträge reden wollen, die Frauen eher über Emotionen und Vorbewusstes (»in der Tiefe«). Der Supervisor benennt nochmals das vergebliche Suchen nach einem Auftrag – sowohl auf Fall- wie auf Beratungsebene – und setzt dies zugleich in die Kontinuität der bisherigen Supervisionsarbeit insgesamt, als etwas, das häufig passiere. Es reagieren darauf nicht die Falleinbringenden, sondern die beiden Teammitglieder, die maßgeblich an der Fallbesprechung beteiligt sind, M2 und F2; Ersterer dabei gegenüber den Falleinbringenden eher konfrontierend, Letztere eher unterstützend. M2, der mehrfach das Problem des Auftrags angesprochen hatte, verdeutlicht mit seinen Ausführungen nochmals, dass in der Jugendhilfe Aufträge häufig erst mühsam erarbeitet werden müssen. Für die aktuelle Suche nach einem Auftrag trägt dies aber nicht zu einer Klärung bei, sondern eröffnet eine erneute Schleife.

Atmosphärisch macht sich – wie schon im Fall, so auch hier – allmählich bei allen Beteiligten eine Mischung aus Erschöpfung, Unwillen und Frust darüber breit, dass es trotz wiederholter Benennung der Spiegeldynamik nicht gelingen will, aus dieser Schiffschaukeldynamik, dem Pendeln zwischen Falldarstellung und (erfolgloser) Auftragsklärung, auszusteigen. Zugleich ist das Gespräch durchaus nicht inhalts- und ergebnislos, gibt es doch immer wieder (hier nicht dokumentierte) Phasen, in denen relevante Ideen zur Familiendynamik entwickelt werden (zum Verhältnis Mutter/Sohn und Vater/Sohn, zur Paardynamik, zum biografischen Hintergrund der Familie, zur Rolle des Jugendamtes).

## 7.4 Abschluss der Fallbesprechung und Wechsel zur Teamdynamik

Da zu Beginn der Sitzung noch einige »Kleinigkeiten« angekündigt worden waren, steuert der Supervisor nach ca. 40 Minuten ein mögliches Ende der Fallbesprechung an; dies gelingt erst im zweiten Anlauf.

Sv: Aber dann ... dann, ich sage mal so, vom ... vom Gespräch hier, ne, Sie haben am Anfang gesagt, wir sind in einer Sackgasse. Jetzt sind eine Menge Ideen gekommen, und Sie sagen [betont gesprochen]: *Ach, ein bisschen können wir noch machen.* Ich finde das okay, nicht, aber ... also ... [Lachen.] Ja, nein, die Frage ist, wofür ... was ... was so..., sozusagen, was ist die Funktion der Supervisionsanfrage? Nicht?

F1: Okay.

Sv: Und die ... die könnte ja auch sein, dass Sie sagen, wir ... wir kriegen dieses Resignationsgefühl, und das wollen wir noch mal loswerden.

F1: Mhm, also, ich habe das Gefühl, viel Input noch mal ... also, es gibt ja so Dinge, die wir auch viel besprechen ... und was aber so ein bisschen wabert und unklar ist ... und es hat ... hat sich aber viel bestätigt oder auch für mich was geklärt.

M1: Wenn dann Hypothesen kommen, die wir auch hatten, ist das immer ... immer bisschen auch eine ... ne, eine ...

F1: Bestätigung. [Kürzung.]

Sv: Das hieße quasi, dass ... ein Resümee könnte sein, wenn ... wenn wir uns jetzt noch mal im Kreis drehen, dann ist das auch okay.

M1: Ja. Für ...

F1: Ja, also, ich möchte ... also, wenn ich das spüre, ja, also, das ist ja, erst mal muss ich mich noch mal so reinbegeben. Erst mal ... erst mal ist das jetzt viel Stoff, den wir beide besprechen. Ja, und für uns dann noch mal so gucken, welches Ticket ziehen wir jetzt so für uns. Also, das finde ich schon mal ...

Sv: Okay.

F1: ... als Grundlage für unsere ... für unser Gespräch ... dafür gut. Was wir beide daraus machen, müssen wir mal gucken noch letztendlich.

Sv: Klar, das finde ich auch. [Kürzung.]

F1: Ja. Ich möchte jetzt gerade noch mal was ganz Persönliches sagen, und zwar ... hier in dieser Supervision habe ich das Gefühl, dass jeder aufeinander lauert irgendwie, wer sagt was ... und sagt, also, wir als Externe kommen hier so rein ...

Sv: Ja.

F1: ... und ihr so untereinander, als wenn ihr ... das ist nur ein Gefühl so ..., als wenn ihr euch belauern würdet, äh, äh, wie, was sagt die denn da gerade schon wieder? Jetzt lass mich doch mal ausreden! Und dass ich da auch das Gefühl habe, nicht mit da reinzurutschen. Also dieses nicht ...

Sv: Also, das ist hier auch Teamdynamik.

F1: ... mich nicht angegriffen zu fühlen, also dieses immer so, dieses, ich habe das Gefühl, das ist aber vielleicht auch nur meins, hier wird angegriffen statt gehört und gesammelt ... so, ja? Und, also, für mich waren das ... also die Kritik, also eben nicht, sondern so eher jetzt, ich habe das jetzt so aufgenommen als ... als Dinge, die wir mitnehmen, ja?

M1: Anregungen.

F1: Anregungen. Aber hier lauert immer so Kritik, finde ich. Und das hemmt mich, gerne hierhin zu kommen. Also das will ich nur mal so als Außenstehende ...

Die Sequenz findet ausschließlich zwischen dem Supervisor und den Falleinbringenden statt, insbesondere F1. Der Supervisor spricht die unklare Anfrage nochmals an – wollen sie aus der Sackgasse raus oder weitere Ideen ansprechen, um noch *ein bisschen* weiterzumachen? –, möchte dies aber positiv konnotieren als einen legitimen Versuch, aufkommende Resignationsgefühle loszuwerden. In der Antwort von F1 deutet sich eine Ebene an, die bislang noch keine Rolle gespielt hat, die Kommunikation zwischen den beiden Falleinbringenden über *Dinge, die wir auch viel besprechen ... und was aber so ein bisschen wabert und unklar ist.* Manches aus der Supervision wird als Bestätigung gesehen, anderes in seiner Bedeutung offengelassen: *Was wir beide daraus machen, müssen wir mal gucken noch letztendlich.* Vom Supervisor wird dies bekräftigt.

Der dann erfolgende Wechsel auf die Ebene der Teamdynamik kommt – an dieser Stelle und nach mehreren erfolglosen Versuchen der Auftragsklärung – unverhofft, verdeutlicht zugleich, worin die Schwierigkeit bestanden haben mag. Denn der Wechsel der Ebene wird als etwas *ganz Persönliches* eingeleitet – und nicht als notwendiger Bestandteil einer Fallbesprechung. Und F1 beschreibt sich und ihren Kollegen als *Externe* – und nicht als Teammitglieder –, die auf ein Team treffen, in dem sich die Mitglieder gegenseitig *belauern*. Erst an zweiter Stelle wird aufgegriffen, dass die Kritik der anderen Teammitglieder ja ihnen gilt und sie damit vielleicht doch an der Dynamik beteiligt sind. Im weiteren Verlauf wird deutlich werden, dass sie ihre defensive Haltung schon mitgebracht haben und sie nicht erst als Reaktion auf das Team entstand.

M2: [Kürzung.] Ich finde das ... finde das gut, dass du das gesagt hast, kann, glaube ich auch, wenn ich mir deinen Kopf aufsetze, das nachvollziehen. Ich habe es aber umgekehrt auch so erlebt. Ich hatte den Eindruck, ihr wollt eigentlich gar nichts hören. Ihr wollt eigentlich nur ...

F1 (lacht).

M2: Ihr wollt eigentlich nur ... ja, und, und das wiederum ist ein Phänomen, was ich gut kenne. Wenn ich mich selber mit einer ... mit einem Fall oder mit irgendwas, mit einer Arbeit so verbinde oder verstricke oder so, dass ich zwar einerseits ... [F1 macht eine abwehrende Geste] ... ja, nee, aber das ist ein Gefühl, das musst du jetzt auch mal ein Stück lassen. Mein Gefühl ist ...

F1: Ich lass das so.

M2: Ja, weil du *Mhm* sagst, da kommt wieder so was. Das ist genau, das macht mich aggressiv.

F1: Oh.

M1: Aber es wird ja vielleicht missgedeutet, also ...

M2: Ja, aber jetzt einfach ... jetzt mal das Phänomen. Ich sage jetzt nicht, du hättest die Schuld, sondern ich versuche, das Phänomen zu beschreiben. Ich sitze hier öfter, wenn wir entweder Supervision oder Intervision haben ... und je nachdem, was es für eine Geschichte gibt und wie ... fühle ich mich unterschiedlich. Ich fühle mich nicht immer oder häufig so, wie ich mich jetzt gerade fühle. Das ist nicht der Fall. Also, würde ich für mich so ... so empfinde ich das. Und deswegen denke ich, dass das, was jetzt aufgetreten ist, etwas ist, was wir miteinander natürlich so hier konstruiert haben, wo ihr aber auch was beigetragen habt. Und ich denke, man kann das natürlich nicht betrachten ohne das, was ... weil ... das passt ja wunderbar zu diesem System. Das ist ja das, was ich da auch gehört habe. Und das ... der ... der Knoten würde sich, glaube ich lösen, wenn wir es hinkriegen könnten, dieses Verstehen, was wir miteinander tun und was wir jetzt selber hier abgebildet haben, zwar nicht nur inhaltlich, sondern von der Beziehung her, wenn wir das verstehen könnten, dann würden wir, glaube ich, da ... wäre ... wäre das für euch, glaube ich, nützlich und für uns auch.

Sv: Also, dieses Hakeln geht für mich schon mehrere Sitzungen hier, nicht? Also, beim letzten Mal haben wir so gehakelt. Beim letzten Termin vor den Sommerferien haben wir auch gehakelt, es ging dann immer an [zu F2] Ihrem Fall entlang ... oder mit dem Herrn S. [nicht anwesender Mitarbeiter]. Und ... also, insofern kommt das in eine Reihe rein, ne? Es kann natürlich auch was mit der Fallebene zu tun haben, das wäre jetzt die andere These, hat was mit dem Teamprozess zu tun. Und ich kann das gut nachvollziehen, was [zu M2] Sie sagen, nicht? Und es ... man kann mal dahin gucken, mal dahin gucken. Weil ... ich finde auch, von, von der Falldarstellung bildet sich 's ja auch was ab, dass die ... unklar ist, was die Frau, was der Junge will und hier unklar ist, was Sie möchten, nicht? Ob Sie sagen, wir sind in einer Sackgasse und wir wollen nicht mehr. Oder Sie sagen, ein bisschen mehr, und dann machen wir noch mal wieder weiter. Das bleibt eben auch schwebend, nicht?

F1: Mhm.

Sv: Und Sie haben einen anderen Blick, weil Sie nur manchmal dabei sind, nicht, das finde ich eigentlich hilfreich sozusagen, weil ... Sie sagen ja, wir kommen von außen. Das finde ich erst mal einen hilfreichen Kommentar.

M2, der bisher am konfrontativsten an der Fallbesprechung beteiligt war, bestätigt die Nachvollziehbarkeit des Gesagten – auch gehe es ihm nicht darum zu sagen, dass sie die Schuld habe, aber er fordert ein, dass die Falleinbringer sich als an der Dynamik Beteiligte definieren. Dies verweist darauf, dass auch jetzt wieder ein Auftrag zur Disposition steht, diesmal ein selbstbezüglicher, d. h. nicht auf den Fall, sondern auf das Team gerichteter Auftrag. Und der kann erst dann als gegeben gelten, wenn sich alle im Team als am Geschehen beteiligt definieren. M2 spricht dafür eine Einladung aus, die aber aufgrund seines bisherigen Interaktionsstils nur schwer als solche angenommen werden kann.

Der Supervisor versucht, die Selbstoffenbarung von F1 dadurch zu unterstützen, dass er die heutigen Schwierigkeiten in der Fallbesprechung mit dem Prozess der letzten Sitzungen in Verbindung bringt, insbesondere mit der Besprechung eines Falles, den F2 zusammen mit einem anderen, heute nicht anwesenden Kollegen eingebracht hatte. Dies soll die Falleinbringenden entlasten und es erleichtern, sich bei der Besprechung der Dynamik auf die Reflexion ihres Anteils einzulassen. Zum anderen soll es verdeutlichen, dass die Spiegelungsdynamik immer in zwei Richtungen gedacht werden kann bzw. muss, vom Fall ins Team – dies die bislang dominante Lesart –, aber eben auch vom Team in den Fall. Welche Eintrübungen der Spiegel zurzeit aufweist, zeigt der weitere Verlauf. Er beginnt mit einer Sequenz, in der F2 – wie schon in der Fallbesprechung jetzt auch in der Besprechung der Teamdynamik – den Falleinbringenden gegenüber eine unterstützende Rolle einnimmt und dadurch in eine Gegenposition zu ihrem Teamkollegen M2 gerät.

F2 (zu F1): Ich finde, du spürst was ganz Gutes. Also, was ganz Stimmiges für mich. Also, da komme ich ja auch ... also das ... heute beim Sammeln war es wirklich nicht ohne Emotionen. Jeder hat so seins. Und es kam auch was, was irgendwie ... [zu M2] du hast zwischen ... du hast gesagt, das ist doch ein Fehler ... so.

M2: Ja, so habe ich das nicht gesagt.

F2: Du hast dieses Wort »Fehler« gesagt. [Unverständliche Stimmen.] Du hast das Wort »Fehler« gesagt! Das ist ein »Fehler«, wenn man das so macht.

M2: Mhm, ja. Ja, finde ich auch richtig, denn professionell ist das ein Fehler.

F2: Aber ... aber es ... es geht ja darum, sozusagen wie, wie, wie bringt man es irgendwie rüber? Und das ist hier so ein bisschen ... es ist nicht einfach, hier was supervidieren zu lassen, aber das war es noch nie. Also, das hat auch nichts [zum Sv] mit Ihnen zu tun [lacht].

Die Eigenständigkeit der Teamebene wird dadurch deutlich, dass die Auseinandersetzung auch hier wieder von den Falleinbringenden wegspringt – hin zu den beiden besonders aktiven Teammitgliedern F2 und M2. Inhaltlich-thematisch ist mit dem Begriff *Fehler* die Kontrollfunktion (vgl. Kap. 4) von Supervision angesprochen, die die Beteiligten sofort in eine andere, stärker beurteilende Beziehung zueinander setzt. Hier kommt es dann umso mehr darauf an: *[...] wie bringt man es irgendwie rüber?* (F2). Diese Problematik – Atmosphäre und Tonfall in der Supervision – setzt F2 in die Kontinuität der Arbeit im Team und datiert dies weit zurück bis in die Arbeit mit dem vorigen Supervisor, also mindestens drei Jahre.

Konkret thematisiert sie eine zurückliegende Fallbesprechung, die schon zu Beginn dieser Sequenz vom Supervisor angesprochen worden war:

F2: *Das konnte ich gut als wirklich Falle und Fehler, den ich da gemacht habe ... Aber so, wie [zu M2] du es eben gesagt hast, ne, du hast es ... also, so habe ich das erlebt, du hast es irgendwie von oben herab gesagt.* Der unvollendete erste Satz (es fehlt das Verb, naheliegen würde: »akzeptieren«) weist darauf hin, wie sehr sie, entgegen ihrer jetzigen Darstellung, noch mit diesem *Fehler* beschäftigt ist. Zum Ende der damaligen Besprechung hatte sie diese wenig hilfreich genannt und sich damit auch kritisch gegenüber dem Supervisor platziert. Ihr Ringen damit setzte sich mehrere Sitzungen lang fort und taucht in der aktuellen Sitzung nochmals auf. Sie stellt sich deutlich an die Seite der Falleinbringenden, denen es – so die Hypothese – aus ihrer Sicht heute so ergeht wie ihr damals.

In der folgenden (nicht ausführlich dokumentierten) Auseinandersetzung können nun verschiedene Aspekte der Teamdynamik benannt werden: die Tendenz zur Beschleunigung, wenn viele etwas sagen wollen und sich gegenseitig nicht ausreden lassen; die Eingespieltheit dieser Dynamik im Kernteam, die gelegentlich Teilnehmende eher draußen hält; die Tendenz, schon beim Einsammeln von Eindrücken diese Eindrücke in Gegensatz zueinander zu setzen, anstatt sie in die Ergänzung zu bringen. Neben diesen Interaktionsphänomenen werden strukturelle Faktoren genannt: wer mit wem schon wie lange zusammenarbeitet und was dies für die Kooperation bedeutet; die Auswirkung unterschiedlicher Subgruppen im Team, heute z. B. die Kollegen aus der aufsuchenden Familientherapie; und dass diese Kollegen gerne eine eigene Supervision hätten. Vom Supervisor wird die Frage nach der Funktion von Supervision aufgeworfen: *Und wo ist Supervision Zurverfügungstellung von Ideen? Und wo ist Supervision auch Benennung von Fehlern?*

Schritt für Schritt ermöglicht die Reflexion der Teamdynamik in der Fallbesprechung nun auch persönlichere Äußerungen zu sich selbst und Rückmeldungen – zu den anderen sowie zum Verlauf der Sitzung, und dies auch von bislang stillen Teammitgliedern; die Beziehungen beginnen, sich zu differenzieren. M2 z. B. verdeutlicht, dass er vor allem auf den jüngeren Kollegen M1 reagiert habe, F1 sei hingegen *so ein bisschen auch angedockt für mich*. Bei M1 gehe es ihm hingegen so, *dass es wirklich häufig so stakkatohaft kommt, dass du was sagst, dass du den anderen, die was sagen sollen, die eigentlich angefragt sind, damit sozusagen ins Wort fällst*. Wie schon F1 spricht er damit die Bedeutung von Tonfall und nichtsprachlichen Momenten an, in denen szenisch der Druck von M1 sowie die Prozessdynamik insgesamt ihren Ausdruck finden. In der Situation selber konnte dies aber nicht geklärt werden, weil die Interaktionsdynamik eben das verhinderte. Nicht er, so M1, habe auf M2 reagiert, sondern die Kollegin F2, *und dann diskutiert das Team ... um ... über die Äußerung [...]*, aber es diskutieren eben nicht die beiden Männer, zwischen denen der Konflikt stattfindet.

Dies kann nun in Ansätzen nachgeholt werden, die gegenseitige Abwertung deutlich werden. Was auf der einen Seite der Begriff *Fehler* auslöst, dafür steht auf der anderen Seite die Tendenz, *schon zu wissen, was da kommt* (M1). M1 kann benennen, dass es für ihn *einfach so was Männliches oder so* gibt, das für ihn Auseinandersetzungen hier wie auch in anderen Kontexten kippen lässt: *Es ist mir auch selber unangenehm, weil ich weiß nicht, was da los ist*. Die Teamkollegin F2 wiederum macht deutlich, dass sie davon nichts mitbekommen hat, vielleicht auch, weil sie im Hintergrund mit ihrem Wunsch nach Anerkennung beschäftigt war: *Wenn es aber ein existenzieller Kampf ist, werde ich hier auch anerkannt oder nicht anerkannt, ist natürlich total blöde*.

Auch der Supervisor wird nun in seinen Rückmeldungen gegenüber den Teammitgliedern personenbezogener. Er beschreibt den Konflikt zwischen den beiden Männern als einen zwischen jungem und altem Kollegen, womit auch die in naher Zukunft anstehende Frage des Generationswechsels anklingt. Ein Teil dieser Dynamik ist der Druck aufseiten des Jüngeren, ein anderer zeigt sich darin, inwieweit der Ältere dem Jüngeren etwas sagen kann, ohne ihn herabzustufen. In der Teamreflexion gelingt dem

Älteren M2 dies jetzt besser, und das, was er sagt, kann auch von M1 gehört werden. Auch ein strukturelles Moment ist von Bedeutung. Beide sind Honorarkräfte, der Ältere hat sich aber für die persönliche Investition entschieden, regelmäßig zur Supervision zu kommen, und ist damit zu einem Teil des Kernteams geworden. Für den Jüngeren ist dies aber aufgrund anderer beruflicher Verpflichtungen nicht möglich, er bleibt dadurch im Team randständig. Dies kann nun in seinen Auswirkungen von beiden beschrieben werden. Kommt man gerne hierher oder eher nicht? Kriegt man es bezahlt, oder investiert man quasiprivate Zeit, aus welchen Gründen auch immer? Der Supervisor bietet das Bild an, dass das Kernteam zwar von seiner eigenen Rangelei hin und wieder genervt sei, aber auch gerne rangele; den gelegentlich hinzukommenden Honorarkräften geht es nicht so.

Die differenziertere Beschreibung der Beziehungen ermöglicht es dem Supervisor auch, die Paardynamik der Falleinbringer zu benennen, in der sich die Kollegin schützend vor ihren Kollegen stellt: *Ja, wir mussten ja auch zusammenwachsen. Als ... als ... als, äh, äh, fachliches Paar. Das ist das die Phase haben wir ja schon hinter uns sozusagen vielleicht auch* (F1). Was bislang wie eine Front wirkte, wird nun in seiner ganzen Fragilität sichtbar. Und auch die defensive Erwartungshaltung, mit der die beiden zur Supervision gekommen sind, kann von ihnen benannt werden.

In der Schlussphase kommt nochmals das Thema »Druck« bzw. »Druck machen« auf, sowohl auf der Ebene der Teamdynamik und der einzelnen Teammitglieder als auch auf der Fallebene bzw. im beruflichen Alltag insgesamt.

F1: Also, weil ... wir sagen ja immer zu den ... auch Familienmitgliedern, die dann sagen: Ja, mein Mann muss sich ändern, und mein Kind muss sich ändern, weil ... die machen mir so Druck! Und da sage ich: Nee, also jede Person für sich muss sich ändern. Überlegen Sie mal, warum ... wieso der Druck bei Ihnen so ankommt. Und das als Druck ankommt. Und gut ist, dass wir hier erst mal so ins Gespräch gekommen sind über Druck, ja? Also, das ist ... oder diese, diese Empfindung. So. Und, und dann nicht bockig zu reagieren. Der, der ... ich spüre gerade Druck, der hat mir gerade Druck gemacht. Und dann so eine ... so was Explosives plötzlich, dass das entsteht, das ist ja auch eine ganz eigene Sache. So, ja? Also, das erleben wir ja täglich, dass uns Druck entgegengebracht wird. Immer. Also mehrfach am Tag.

Bis in den sprachlichen Ausdruck hinein – das zeigt dieses Ineinanderfließen von Fall- und Teamebene – wird hier eine Art generalisierter Spiegelungsdynamik angesprochen, ein allgegenwärtiger Druck, und die konstante Anstrengung benannt, damit umzugehen. Dieser Druck zeigt sich auch in der Supervision – so im Kommentar des Supervisors: *[...] also, wenn hier zwei, drei Fälle auf dem Tisch liegen, dann gibt's da einen hohen Zeitdruck. Und dann kann man sich solche interaktionellen Ausflüge nicht erlauben.* Deutlich wird im Weiteren, dass das jetzige Supervisionsmodell, das neben den Fallbesprechungen jeweils halbjährlich einen Doppeltermin zu Teamfragen vorsieht, den heutigen Falleinbringenden nicht bekannt ist und es auch nicht vorgesehen ist, dass sie an den Teamterminen teilnehmen. Nach 45 Minuten Fallbesprechung und anschließenden 45 Minuten Teamreflexion geht nun auch hier die Zeit dem Ende zu.

Sv: Ja, gibt's denn noch Kommentare irgendwie?

M2: Ich fänd, das wäre wert, das noch mal aufzugreifen. Vor allen Dingen das mit dem Zeitthema, weil ich glaube, da hängt viel, viel dran auch. Also den Druck, den wir uns auch selber machen, weil ... wir sind ja unter Druck. Alle Kollegen hier sind, sind unter Druck, unter Falldruck und Anfragendruck und so und so weiter und eigentlich auch Gut-machen-Druck und so. Und das finde ich schon, dass es das eigentlich wert wäre, dann zu gucken, so, ja, wie gehen wir damit um, was erlauben wir uns, und wo sagen wir dann vielleicht ... oder ermächtigen wir uns vielleicht auch, Nein zu sagen. So, ne? Gut.

Druck wird hier in mehrfacher Form angesprochen: als *Falldruck*, der aus dem Problemdruck der Klienten entsteht; als *Anfragendruck*, der aus der Arbeitsbelastung von Beratern entsteht; als *Gut-machen-Druck*, der aus eigenen und fremden Ansprüchen entsteht. Der angesprochene Druck lastet gleichermaßen auf allen Beteiligten, Falleinbringenden, Teammitgliedern, Supervisor. In ihm kommen grundlegende Charakteristika von sozialer Beratung zum Ausdruck, und zwar sowohl für die Beratung erster Ebene, die Arbeit mit den Klienten, als auch für die Beratung zweiter Ebene, die Supervision dieser Arbeit in einer Fallbesprechung. Genau darauf zielt die Annahme einer Spiegelung ab, dass hier wie dort Dynamiken entstehen und wirken, die in Verbindung zueinander stehen.

Obwohl längst nicht alle inhaltlichen Seitenstränge (z. B. zum Migrationshintergrund der Familie, zur Bedeutung ihrer Religionsangehörigkeit) und kommunikativen Schleifen in der Falldarstellung und ihrer Analyse berücksichtigt und sichtbar gemacht werden konnten, wird deutlich, mit welcher Überkomplexität es alle Beteiligten zu tun haben. In der Fallbesprechung kommt dadurch die Analyse der Spiegelung (bzw. der Gegenübertragungsdynamik) zwischen Familie und den beiden Beratern zu kurz. Sie hätte in einem möglichen nächsten Schritt erfolgen können. Aber

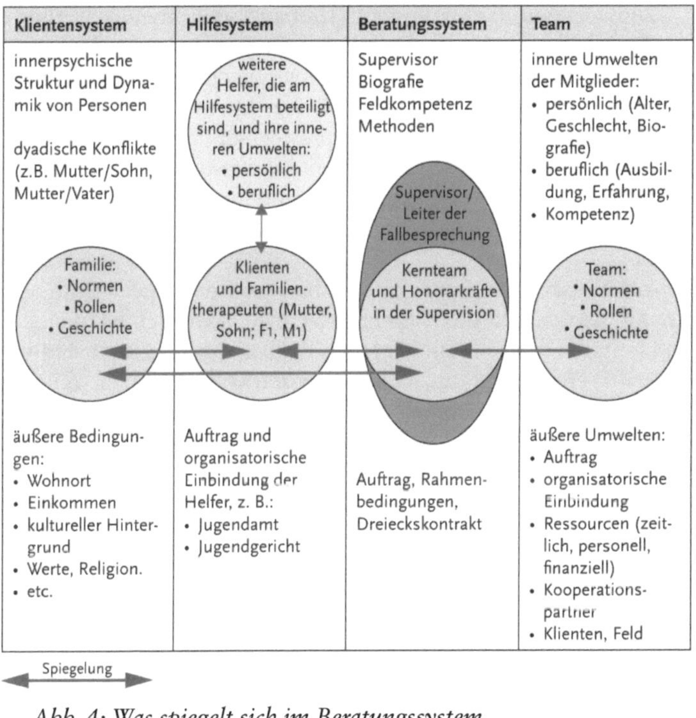


*Abb. 4: Was spiegelt sich im Beratungssystem*

auch so haben die beiden Falleinbringenden einige Ideen erhalten für ihre weitere Arbeit. Auch die Kooperation innerhalb des Helfersystems, z. B. mit dem Jugendamt, hätte weitere Aufmerksamkeit verdient. Die Komplexität ist also in verschiedene Richtungen weiter ausdehnbar. Abbildung 4 bietet eine Übersicht über die angesprochenen Ebenen.

Die Abbildung soll einen Überblick darüber verschaffen, welche Spiegelungsprozesse zwischen den verschiedenen Systemen vorkommen können, veranschaulicht am dargestellten Fall.

## 7.5 Wie es weiterging

Von der dokumentierten Fallbesprechung gingen zahlreiche Impulse für die weitere Arbeit aus. Die verschiedenen Ebenen wurden Schicht für Schicht nachbearbeitet. Dazu trug auch die Dokumentation der Sitzung auf Tonband und ihre anschließende Transkribierung bei, die für den Supervisor eine der Kontrollsupervision (siehe Abschn. 4.3) vergleichbare Wirkung hatte. Vieles, was in der Sitzung selber nur latent spürbar gewesen war, konnte anhand des Transkriptes besser verstanden und für die weiteren Fallbesprechungen genutzt werden. Ein halbes Jahr später wurden das Transkript und seine Interpretation mit dem Team in Form einer kommunikativen Validierung nachbesprochen.

Auf Hinweis des Supervisors, aber auch aus eigenem Impuls heraus überdachte das Team schon bald nach der Sitzung die Modalitäten der Teilnahme an den Fallbesprechungen, insbesondere der Honorarkräfte. Beide Honorarkräfte nahmen zeitnah zu dieser Sitzung nochmals teil, diesmal ohne einen Fall einzubringen. Es wurde sofort deutlich, dass sich in dem Moment die Arbeitsbeziehungen zum Positiven veränderten, in dem das kontraktuelle Gleichgewicht von Geben und Nehmen hergestellt war (vgl. Abschn. 4.2), d. h., alle Beteiligten sowohl Falleinbringer wie Beratende sein konnten. Da die regelmäßige Teilnahme der Honorarkräfte aber aus organisatorischen Gründen nicht gewährleistet werden konnte, wurde entschieden, dass sie nicht mehr an den Fallbesprechungen im Gesamtteam teilnehmen, sondern ihre Fälle zukünftig in einer Intervision zusammen mit dem therapeutischen Leiter besprechen sollten.

Es fand (nochmals) eine Verständigung darüber statt, welche unterschiedlichen Formen der Fallanfragen es gibt und wie jeweils sinnvollerweise damit umgegangen werden sollte: z. B. Ideen zum Fall sammeln, persönliche Verstrickungen erkennen, Entscheidungen absichern, Kooperationen innerhalb des Teams oder mit anderen Helfern besprechen, konzeptionelle Fragen diskutieren. Da häufig die Fälle eine hohe Komplexität aufweisen, müssen in der Regel mehrere Ebenen bearbeitet werden. Anhand dieser Vielschichtigkeit wurde nochmals die Notwendigkeit einer guten Auftragsklärung deutlich, die nicht nur einmalig, sondern im laufenden Prozess wiederholt vorgenommen werden muss.

Die Besprechung des Transkriptes ein halbes Jahr nach der Sitzung ermöglichte am Material entlang die Diskussion der kommunikativen Muster im Team und einzelner Teammitglieder. Die, die bei der Sitzung dabei gewesen waren, berichteten über ihre Schamgefühle angesichts des auf den ersten Blick chaotisch erscheinenden Geschehens. Die Teammitglieder, die nicht dabei gewesen waren, waren zwar weniger unmittelbar emotional tangiert, konnten dennoch vieles aus der Sitzung als typisch für ihr Team ausmachen. Mehrere Teammitglieder berichteten, dass sich der Lerneffekt bei jedem neuen Lesen von Transkript und Interpretation weiter vergrößere.

Team wie Supervisor waren beide gleichermaßen mit der Frage beschäftigt, wie es besser zu gewährleisten sei, persönliche Verstrickungen in der Fallbesprechung ins Gespräch zu bringen. Insbesondere, wenn es für die Teammitglieder darum geht, sich auf die möglichen unterschiedlichen Identifikationen einlassen, die ein Fall bzw. eine Falldarstellung auslösen können, sollte dieser Arbeitsschritt klarer markiert und vor Bewertungen geschützt werden. Dies erfordert seitens des Supervisors eine höhere Strukturierung, gegebenenfalls auch eine Unterbrechung von problematischen Kommunikationsmustern.

Deutlich wird aber auch nochmals die konzeptionelle Entscheidung, die unserer Praxis zugrunde liegt. Es geht nicht darum, potenzielle Verstrickungen schon im Vorfeld durch (Über-) Strukturierung zu vermeiden, sondern der Gruppe Umgang mit Komplexität zuzumuten im Vertrauen darauf, dass die entstehenden Spiegelungen ein Lernfeld besonderer Art eröffnen, in dem sich professionelles Handeln gut entwickeln kann.

# 8 Multiperspektivität des Verstehens – Interpretations- und Arbeitsebenen

Die in Kapitel 7 sichtbar gewordene Komplexität von Fallbesprechungsarbeit zeigt sich auch bei den verschiedenen Interpretationsebenen, die für das Verstehen und die Bearbeitung von Fällen relevant sind. Buer (1999, S. 139) unterscheidet folgende Ebenen, auf denen Fälle in der Supervision betrachtet und bearbeitet werden können:

- innere Welten (die Biografie und Psychodynamik der einzelnen Beteiligten)
- zwischenmenschliche Welten (Gruppen- und Soziodynamik in und zwischen den einzelnen Subsystemen, Familiendynamik)
- Arbeitswelten (die Organisationsdynamik und Organisationskultur, die spezifische Dynamik in einem beruflichen Feld, Kulturen und Milieu)
- äußere Welten (gesamtgesellschaftliche Dynamiken, der Kontext, in dem gearbeitet wird).

Bei der Aufzählung wird schnell deutlich: Welche Perspektive jemand einnimmt, wird von seiner Ausbildung und seinem beruflichen Hintergrund abhängen: Psychologen und Therapeuten schauen zunächst auf die inneren Welten, Soziologen und Gruppendynamikern fällt als Erstes das Zwischenmenschliche ins Auge, Organisationsentwicklern die Organisationsdynamik usw. Zugleich wird deutlich: Niemand kann das alles überblicken und auf allen Ebenen Bescheid wissen. Die Leiterin einer Fallbesprechung muss nicht all dies Wissen zur Verfügung haben. Vielmehr ist es vorrangig ihre Aufgabe, dafür zu sorgen, dass die verschiedenen Ebenen falladäquat berücksichtigt und dafür die Wissensbestände aller an der Fallbesprechung Beteiligten aktiviert und genutzt werden.

Dennoch, in jedem Arbeitsfeld, in das wir (O. K. und K. S.) neu hineingekommen sind, mussten wir uns nötiges Fachwissen so weit erarbeiten, dass wir verstehen konnten, wovon die Falleinbringenden reden. Nur dann konnten wir relevante Fragen stellen.

Für eine erste Eingrenzung grundlegender Wissensbestände aus den Human- und Sozialwissenschaften hilft es, sich nochmals zu vergegenwärtigen, worum es im Kern in einer Fallbesprechung geht: sich mit konkreten *beruflichen Situationen und Interaktionen* zu befassen, an denen die Falleinbringenden *persönlich beteiligt* sind und in denen ihnen aufgrund ihrer *beruflichen Rolle bestimmte Aufgaben* zukommen. Feld- und verfahrensübergreifend halten wir dafür Kenntnisse aus Sozialpsychologie und Kommunikationswissenschaft für unabdingbar, etwa zu den Themen: »soziale Wahrnehmung«, »Eindrucks- und Urteilsbildung«, »Einstellung und Verhalten«, »Interaktion und ihre Dynamik«, »nonverbale und sprachliche Kommunikation«.

Multiperspektivität des Verstehens heißt, die Situationen aus dem Blickwinkel der verschiedenen Beteiligten und Ebenen wahrzunehmen. Diese Blickwinkel sind nicht als alternativ gedacht, sondern als sich wechselseitig ergänzend. Es ist nicht Aufgabe von Fallbesprechungen, alle Ebenen systematisch abzuarbeiten, sondern es gilt, Schwerpunkte zu setzen entlang den Aufträgen der Falleinbringenden. Manches sieht man sofort, es drängt sich förmlich auf. Anderes kommt gar nicht vor oder braucht das gezielte Nachfragen, damit es in seiner Bedeutung verstanden werden kann. Das Modell der Ebenen schützt vor allzu einfachen und einseitigen Interpretationen eines Falles, bei denen Phänomene falsch oder einseitig zugeordnet werden und dadurch unverstanden bleiben. So kann z. B. einer vorschnellen Psychologisierung von Problemen (»Der ist so ein Typ …«, »Da stimmt die Chemie nicht …«) durch die Interpretation des Verhaltens im Kontext der Gruppe oder der Organisation entgegengewirkt werden. Es erscheint uns insbesondere dann angebracht, andere Interpretationsebenen in Betracht zu ziehen und anzusprechen, wenn:

- die Falleinbringenden sich beim Verstehen ihres Falles schon auf eine Ebene festgelegt haben, in ihrer Erzählung aber auch andere Ebenen angesprochen werden

- Kontexte und Zusammenhänge und die äußeren Umwelten bei der Bearbeitung durch die Gruppe ausgeblendet werden, weil sie als »nicht beeinflussbar« gelten.
- die Gruppe sich sehr schnell auf eine Hypothese einigt oder sehr einseitig Partei für jemanden ergreift.

Um die verschiedenen Fragen, die sich in Bezug auf die einzelnen Ebenen stellen, praxisnah erläutern zu können, beziehen wir uns im Folgenden immer wieder auf den Fall aus Kapitel 7.

## 8.1 Innere Welten – Psychodynamik

Im Fallgeschehen gilt es auszumachen, wer die unmittelbar beteiligten Personen sind: Dies sind im Klientensystem die Mutter mit ihrem Sohn, etwas in den Hintergrund gerückt auch der Vater. Im Helfersystem sind dies die beiden Falleinbringer, etwas im Hintergrund weitere beteiligte Helfer, z. B. aus dem Jugendamt. Im Beratungssystem sind dies die anwesenden Teammitglieder. Der primäre Bezugspunkt ist hier wie auch generell das Klientensystem, die anderen Systeme folgen mit absteigender Relevanz. Die Spiegelungsdynamik verdeutlicht, dass die beteiligten Helfer von der Dynamik der Klienten erfasst werden können. Verstärkt wird die Spiegelung, wenn sie bei Beteiligten auf Persönlichkeitsanteile trifft, die nur partiell bewusstseins- oder kommunikationsfähig sind.

Als zu untersuchende Phänomene nennt Buer (1999, S. 139) für diese Ebene: Sichtweisen, Gedanken, Gefühle, Erfahrungen; Wünsche, Leidenschaften, Stimmungen; Überzeugungen, Ansprüche, moralische Stimmen; Bilder, Visionen, Figuren, Szenen. Die Wissensbestände, die hierfür relevant sind, kommen insbesondere aus Persönlichkeits- und Entwicklungspsychologie und von psychoanalytisch fundierten Modellen.

Zurück zum Beispiel. Es lassen sich die Gefühle der Hilflosigkeit bei der Mutter untersuchen: als Ausdruck ihrer Persönlichkeit vor dem Hintergrund biografischer Erfahrungen; als Überforderung mit einem schwierigen Sohn in der aktuellen Lebenssituation; als »kleineres Übel« vor dem Hintergrund dessen, was für sie anstehen würde, wenn sich die Situation änderte. Das Verhalten des Sohnes ließe sich untersuchen: als Verarbeitung der

Trennung seiner Eltern; als Ausdruck einer unsicheren Bindung, die vielleicht noch in die Zeit vor die Trennung zurückreicht; als erste Anzeichen der Pubertät unter schwierigen Bedingungen; als Suche nach einer geschlechtlichen Identität. Bei den Falleinbringenden im Helfersystem ließe sich fragen, aus welchen eigenen Anteilen heraus die jeweilige Bereitschaft zur Identifikation mit der Mutter, mit dem Sohn, mit dem Vater genährt wird. Führt sie bei den einzelnen Helfern zu Verstrickungen und einseitiger Parteinahme, oder können sie sich davon wieder distanzieren und sie zum Verständnis des Falles nutzen?

Wie sehr innerpsychische Phänomene thematisiert und bearbeitet werden können, hängt mit davon ab, in welchem Maße der Arbeitskontext selber darauf zielt. In einer psychosomatischen Klinik oder auch in vielen Kontexten der Familien- und Jugendhilfe ist eine Thematisierung und Bearbeitung per Auftrag viel eher möglich als z. B. in Fallbesprechungen mit Führungskräften eines Unternehmens. Aber auch dort kann diese Ebene in Erscheinung treten, z. B. wenn eine Führungskraft über den Umgang mit einer stark belasteten Mitarbeiterin berichtet, die mit seinen Anforderungen zu konfrontieren er sich nicht traut. Die Thematisierung persönlicher Anteile setzt ein vertrauensvolles und möglichst konkurrenzfreies Klima voraus. Hierfür ist die Leitung in einer Fallbesprechung mehrfach gefordert: dazu beizutragen, dass diese Vertrauensbasis wachsen kann; anzusprechen, wenn persönliche Anteile bei Fallbeteiligten tangiert scheinen (was im Fallbeispiel nicht gelungen ist); ihre Thematisierung zu ermöglichen *und* zu begrenzen. Dies alles dient zum Schutz der Fallbeteiligten, deren berufliche Rolle im Vordergrund bleiben sollte, auch wenn eigene Anteile thematisiert werden.

## 8.2 Zwischenmenschliche Welten

Zu dieser Ebene zählen bei Buer (1999, S. 139)

> »bedeutsame Beziehungen in Dyaden, Gruppen und Netzen zu Adressaten, Angehörigen, Kollegen, Vorgesetzten/Untergebenen, fachlichen bzw. politischen Zirkeln«.

Die Aufmerksamkeit gilt in diesen vielfältigen Personenkonstellationen (Paar, Familie, Team, Hierarchien, Gruppen spezieller

Art) ihrer jeweiligen interpersonellen Dynamik. Dafür können wieder vielfältige Wissensbestände relevant sein. Der Fokus liegt auf der Eigendynamik dieser Prozesse.

#### Dyadische Dynamik

Zweipersonenkonstellationen spielen immer eine Rolle und lohnen die genauere Untersuchung. Neben psychodynamischem Wissen ist hier kommunikationstheoretisches Grundwissen gefordert, wie es insbesondere durch die systemischen Verfahren in die Beratung eingeführt worden ist (Levold u. Wirsching 2020). Im Fallbeispiel lassen sich viele relevante Dyaden ausmachen. Im Klienten- bzw. Familiensystem sind es drei: die Paar- bzw. Elternbeziehung; Mutter und Sohn; Vater und Sohn. Im Helfersystem ist es die berufliche Kooperationsbeziehung zwischen M1 und F1. Zwischen Klientensystem und Helfersystem lassen sich die verschiedenen Zweierkonstellationen dahin gehend untersuchen, wer von den Helfern mit wem aus dem Klientensystem vorrangig arbeitet bzw. wer sich mit wem vorrangig identifiziert.

#### Familiendynamik

In der Sozialen Arbeit spielen familiäre Konstellationen eine bedeutsame Rolle: als Adressat, als Betroffene, als Problemhintergrund, als Ressource. Inzwischen gilt dies aber für die Arbeitswelt insgesamt. Im Fallbeispiel stellen bei allen Teammitgliedern das Wissen über familiendynamische Prozesse und der Umgang mit ihnen eine Kernkompetenz dar.

In solchen Arbeitskontexten werden die entsprechenden Kompetenzen in der Regel auch vom Supervisor als Leiter der Fallbesprechung erwartet. Relevante Wissenshintergründe sind die verschiedenen Spielarten der Familientherapie und die Sozialwissenschaften (König 2004). Die diesbezüglichen Kompetenzen der Leitung werden nochmals mehr gefordert in Kontexten, in denen sie bei den Teilnehmern einer Fallbesprechung *nicht* vorhanden sind. Geht es z. B. bei der Arbeit mit Führungskräften um gesundheitliche Fragen, psychische Probleme, Überlastung bei Mitarbeitern, dann sind familiäre Dynamiken fast immer daran beteiligt. Dies gilt letztendlich auch für die Führungskräfte selbst. Thematisiert und bearbeitet werden kann dies alles aber nur im Rahmen des gegebenen Kontraktes.

### Gruppendynamik

Neben familiären Konstellationen als Gruppen besonderer Art sind in Fallbesprechungen auch andere Gruppenkontexte mit ihren jeweiligen Dynamiken relevant: Peergruppen von Jugendlichen, Schulklassen, Vereine, Verbände, Gremien usw. Eine herausragende Bedeutung haben Gruppen im Arbeitsleben, insbesondere Teams, und zwar sowohl als Gegenstand wie als Medium von Fallbesprechungen. Relevante Wissensbestände hierzu kommen aus der Sozialpsychologie, insbesondere der Gruppendynamik (König u. Schattenhofer 2020), aus der Gruppensoziologie (Schäfers 1999) und der Gruppenpsychologie (Sader 2008). Das Fallbeispiel macht deutlich, dass es eine besondere Herausforderung darstellt und besondere Möglichkeiten birgt, wenn sich eine Gruppe oder ein Team in einer Fallbesprechung mit einem Mehrpersonensystem beschäftig, sei es eine Familie, eine Gruppe oder ein Team (Schattenhofer 2004). Für die Untersuchung der Dynamik kann dann weiter differenziert werden, um welche Art von Gruppe es sich handelt (Ziele, Zwecke, Dauer, Organisationsgrad usw.) und welche Art von Beziehungen in dieser Gruppe dominant ist (beruflich, hierarchisch, privat, freundschaftlich, familiär usw.).

## 8.3 Arbeitswelten

Zieht man die Optik weiter auf, richtet sich die Aufmerksamkeit auf die Kontexte, in die Personen, Familien und Gruppen/Teams eingebettet bzw. von denen sie gerahmt sind. Veränderte Arbeitswelten lassen die Grenzen zwischen privat und beruflich verschwimmen (Stichwort »Entgrenzung«), die Arbeitsanforderungen steigen, die Arbeit wird verdichtet und immer kleinteiliger kontrolliert, und diese Tendenzen wirken sich unmittelbar auf die Gesundheit der Betroffenen aus (im Überblick Haubl, Voß u. Hausinger 2013; Hausinger 2008). Veränderte Geschlechter- und Generationenverhältnisse und die daraus hervorgehende Vielfalt familiärer Lebensformen wirken sich, z. B. über organisationsinterne Programme für »Familienfreundlichkeit« und »Gender Mainstreaming«, selbst in bislang abgeschotteten Bereichen der Arbeitswelt aus.

### Organisationsdynamik

Da der überwiegende Teil beruflicher Arbeit in Organisationen stattfindet, muss dies auch in Fallbesprechungen Berücksichtigung finden. In der Familien- und Jugendhilfe, aus der unser Beispiel stammt, orientiert sich die Hilfe oft nicht am Bedarf des Klientensystems, sondern die Hilfe folgt der Logik der Organisation der Helfer. Die sozialen Problemlagen werden so definiert, dass das eigene Hilfsangebot dazu passt. In unserem Fallbeispiel werden die Bedingungen einer vergleichsweise kleinen Organisation an mehreren Stellen thematisiert. Dies fängt mit der Häufigkeit von Fallbesprechungen und den dafür zur Verfügung gestellten Ressourcen an. Es zeigt sich in der Unterscheidung von Kernteam und Externen; darin, dass Letztere nicht an der Teamsupervision teilnehmen, und in dem Wunsch nach einer eigenen Supervision; an der Unterscheidung von Festangestellten und Honorarkräften; im nahenden Generationenwechsel bei den Mitarbeiterinnen. Die Organisationsdynamik in einem kleinen System ist eine andere als in einer Großorganisation, in der die hierarchische Staffelung tiefer ist und Verfahren stärker formalisiert sind. Organisationen entwickeln eine eigene Kultur, die mitbestimmt ist durch ihre Zwecke und Ziele sowie durch die Ziele der in ihnen arbeitenden Berufs- und Interessengruppen, die von denen der Organisation durchaus abweichen können. Jede Großorganisation bildet in der Staffelung ihrer Mitglieder, vom Pförtner zum Vorstandsvorsitzenden, die soziale Schichtung unserer Gesellschaft ab. Relevante Wissensbestände bieten die Sozialwissenschaften, insbesondere die Organisationssoziologie (Kühl 2020), sowie die vielfältigen Ansätze von Organisationsberatung und Organisationsentwicklung (Doppler u. Lauterburg 2019; Königswieser u. Hillebrand 2019).

### Kulturen und Milieus

Neben den ökonomisch bedingten Unterschieden rücken in den letzten Jahren zunehmend kulturelle, speziell regionale (z. B. alte und neue Bundesländer), ethnische und religiöse Unterschiede ins Blickfeld. Durch Flucht und Migration werden sich diese Vielfalt und das damit einhergehende ökonomische und bildungsmäßige Gefälle verstärken. In unserem Fallbeispiel handelt es sich z. B. um eine Familie mit Migrationshintergrund, in der Familiengeschichte spielt zudem die religiöse Herkunft eine Rolle; in die Fallanalyse hat beides aus Platzgründen keinen Eingang gefunden. Die aus der Differenzierung entstehende Fremdheit nimmt also zu, und dies muss beim Versuch, andere Lebenslagen zu verstehen, berücksichtigt werden. Die hierfür relevanten Wissensbestände sind so vielfältig, wie es diese kulturelle Vielfalt erwarten lässt.

## 8.4 Äußere Welten – Kontext

Auf einer vierten Ebene des Verstehens thematisiert Buer die Einflüsse, die von verschiedenen gesellschaftlichen Teilbereichen ausgehen (und wie sie sich im Zuge funktionaler Differenzierung entwickelt haben), sowie kulturelle Einflüsse umfassender Art. Zu Ersteren zählen: Öffentlichkeit, Politik, Verwaltung; Wissenschaft, Fachverbände, Berufsverbände; Unternehmensverbände, Gewerkschaften; Sektoren des Wohlfahrtsstaates, Branchen. Zu Letzteren zählen: nationale Kultur; globale Trends; Zeitgeist. Auch wenn diese Einflussfaktoren sich weit weg von einem konkreten Fallgeschehen befinden und meist auch außerhalb der Einflusssphären der beteiligten Personen angesiedelt sind, so können sie sich durchaus auswirken. Einige Beispiele dazu: In multiprofessionellen Teams kommen häufig Personen mit unterschiedlichen Qualifikationen zusammen, was unterschiedliche Bezahlung, unterschiedlichen Status, unterschiedliche Aufstiegsmöglichkeiten zur Folge haben kann. Für eine funktionierende Fallbesprechungsarbeit ist es notwendig, dass die Auswirkungen dieser Unterschiede möglichst klein gehalten werden, sodass z. B. im Krankenhaus die Ideen, Fantasien, Gefühle der Krankenschwester das gleiche Gewicht bekommen wie die des Oberarztes. In der Jugendhilfe kann die Öffentlichkeit in Form der Medien eine bedeutende Rolle spielen, die Angst vor Skandalisierungen handlungsleitend werden. Fach- und Berufsverbände können massiven Einfluss auf ihre Mitglieder nehmen. Wo immer es um die Arbeit mit Klienten, Mitarbeitern, Untergebenen, Kollegen geht, können die Handlungsräume der Beteiligten durch politische Prozesse und die Logik von Verwaltungshandeln beeinflusst werden. Ökonomische Faktoren sind relevant hinsichtlich dessen, wer was unter welchen Bedingungen finanziert.

### 8.5 Felddynamik

Stellt man sich für einen spezifischen Fall alle relevanten Einflussfaktoren sowohl dieser wie der vorherigen Ebenen vor – verteilt auf einer Art Landkarte, auf der sie in ihrer Nähe und Ferne, in ihrer jeweiligen Gewichtung, in der Wechselwirkung mit anderen Faktoren verzeichnet sind –, dann lässt sich dies in der Tradition des Sozialpsychologen Kurt Lewin als »Felddynamik« bezeichnen (Antons u. Stützle-Hebel 2015). Der Begriff bzw. das Konzept zielt darauf ab, die Gesamtdynamik zwischen den beteiligten Personen und ihren relevanten Umwelten zu erfassen, damit daraus Ideen dafür entwickelt werden können, welche psychosozialen Kräfte auf wen einwirken und welche Handlungsmöglichkeiten und -aufforderungen das Feld jeweils bereithält (König 2004, S. 224 ff.).

# 9 Leitungsaufgaben und Leitungsprofile

Am Ende des Buches möchten wir nochmals die Funktionen und Aufgaben der Leitung bei Fallbesprechungen bündeln. Leitung und an Fallbesprechungen Teilnehmende haben es mit einer andauernden Überkomplexität zu tun, es wird eben nicht nur ein Fall besprochen, sondern dies geschieht in einer Gruppe oder einem Team mit einer eigenen Dynamik. Die Herstellung und Pflege von Arbeitsfähigkeit in der Fallbesprechungsgruppe ist eine der zentralen Leitungsaufgaben und ebenso wichtig wie die Bearbeitung des jeweiligen Falles selbst. Überlegungen, wie die dafür notwendigen Kompetenzen erworben werden können, schließen das Kapitel ab.

## *9.1 Die Aufgaben der Leitung in sechs Thesen*

Die Leitung einer Fallbesprechungsgruppe hat vielfältige Aufgaben, die sie auf ebenso vielfältige Weise ausfüllen kann. Im komplexen Geschehen einer Fallbesprechung muss sie immer wieder entscheiden, ob, wann und wie sie sich einmischt oder heraushält:

- Lasse ich die Falleinbringenden ungestört erzählen, oder schlage ich ihnen eine Methode zur Darstellung des Falles vor?
- Greife ich ein, wenn nach der Erzählung keine Fragen gestellt, sondern gleich Tipps und Ratschläge erteilt werden, oder warte ich erst mal ab, wie es weitergeht?
- Wie konkret muss ein Auftrag formuliert sein, und wie stark bestehe ich auf einer eindeutigen Formulierung?
- Bringe ich meine eigene Idee zum Fall gleich ein, oder warte ich erst ab, ob jemand aus der Gruppe sie auch hat?
- Wenn sich der Falleinbringer nicht an die Regeln hält und jede Idee und Fantasie kommentiert, bitte ich ihn, erst einmal zuzuhören, oder beobachte ich, ob sein abwehrendes Verhalten auch jemandem anders auffällt, und überlege mir, was es im Zusammenhang des Falles bedeuten könnte?

Im konkreten Geschehen werden von der Leitung die meisten Entscheidungen intuitiv getroffen, oft ohne das Bewusstsein dessen, überhaupt etwas zu entscheiden. Es fehlt die Zeit, in Ruhe abzuwägen, sonst müsste man die Arbeit dauernd unterbrechen. Als Leitung muss man sich daher auf die eigene professionelle Haltung als Wegweiser verlassen können. Die zentralen Eckpunkte dieser Haltung liefert die schon eingangs genannte *Triade von Gruppendynamik, systemischen Ansätzen und qualitativer Sozialforschung*. Sie lässt sich in folgenden Thesen zusammenfassen.

### Die Leitung verantwortet den Rahmen und den Kontrakt, für die Füllung sorgen die Teilnehmenden

Von Rahmen und Kontrakt hängt es ab, ob in der Gruppe genügend Vertrauen und Offenheit entstehen können, sodass die Einzelnen ihre Fälle einbringen können. Rahmen und Kontrakt müssen auf die besonderen Bedingungen der jeweiligen Gruppe oder des jeweiligen Teams zugeschnitten sein. Zur Verantwortung für den Rahmen gehört es daher auch, den Teilnehmenden in einer Einführung transparent zu machen, wie gearbeitet wird, was von den Falleinbringenden und den Beratenden erwartet wird und wie man als Leitung die eigene Rolle gestaltet.

### Die Besprechung von Fällen im Da und Dort erfordert eine arbeitsfähige Gruppe im Hier und Jetzt

Die Arbeit am Fall dient einem tieferen Verständnis, der Auflösung von Blockaden und der Erarbeitung von neuen Perspektiven für die Falleinbringenden. Die Vorbedingung dafür ist, dass das beratende System im Hier und Jetzt sich in die Lage versetzt, dies zu tun. Die zentrale Aufgabe der Leitung sehen wir darin, dafür gute Bedingungen zu schaffen. Die inhaltliche Mitarbeit am Fall tritt hinter dieser Aufgabe zurück. Die Leitung sorgt für einen sicheren Rahmen und begleitet die Arbeit mit Fragen, Kommentaren, Deutungen, mit Vorschlägen und kleinen Inputs. Es geht nicht darum, den Fall quasi wie auf einer Bühne zu behandeln und die Gruppe zuschauen zu lassen.

Wie andere Arbeitsgruppen auch, brauchen Fallbesprechungsgruppen vor allem dann Unterstützung von außen, wenn sie ihre Zusammenarbeit reflektieren wollen. Deswegen achtet die Leitung in erster Linie darauf, *wie* der Fall in der Gruppe bearbeitet wird. Leitfragen sind:

- Was macht die Gruppe mit dem Fall?
- Bildet sich die Gruppe in der Dynamik des Falles ab?
- Was macht der Fall mit der Gruppe?
- Findet sich die Dynamik des Falles in der Gruppe bzw. der Fallbesprechung wieder?

Mit ihren Fragen und Beobachtungen ermöglicht die Leitung die Reflexion des Zusammenhangs von Fall und seiner Besprechung und sorgt situationsangemessen für den Wechsel zwischen diesen beiden Ebenen. Zugleich muss die Selbstreflexion des beratenden Systems in Grenzen gehalten werden, sonst verwandelt sich die Fallsupervision in eine Teamsupervision.

**Die Leitung unterstützt die Falleinbringenden dabei, ihren Auftrag zu klären, und bringt sie dadurch in die Verantwortung**

In der Arbeit mit Klienten geht es darum, sie (wieder) in die (Mit-)Verantwortung für ihr Leben zu bringen, sie (wieder) zu Handelnden zu machen. Wenn dem nicht ernst zu nehmende Kräfte entgegenstünden, dann gäbe es gar kein Problem. Und diese Kräfte, z. B. die Dynamik einer Familie, stehen nicht in der Verfügungsmacht einer einzelnen Person. D. h., die persönliche Verantwortung jedes Einzelnen erfährt ihre Grenzen durch die Verantwortung anderer fallbeteiligter Personen.

Die Arbeit am Auftrag in einer Fallbesprechung folgt demselben Muster. Die Falleinbringenden bringen eine professionelle Situation ein und stellen eine Frage, die sie mithilfe der Gruppe klären wollen. Sie machen sich dadurch verletzlich und angreifbar. Zugleich gehen sie erst durch die Formulierung einer Frage in die Verantwortung. Diese Verantwortung ist aber begrenzt: durch die Klienten, durch andere Personen im Helfersystem, durch eigene Anteile. Aufgabe der Leitung ist es, zur Klärung des Auftrages beizutragen und darauf zu achten, dass seine Veränderung nur mit Zustimmung geschieht. Die Leitung hat hier eine Art anwaltliche Funktion: als Schutz vor zu viel Hilfe und guten Ratschlägen, aber auch als Schutz vor zu großer Schonung.

Definiert man als Ziel von Beratung, die Selbstregulierung des Klienten zu stärken, dann kann vorschnelles Handeln gerade dies nicht leisten, sondern nur geduldiges Warten – und dies auch bei der Fallbesprechung. Sowohl hier wie da braucht es einen Auftrag, und es gehört häufig zur Arbeit, sich diesen Auftrag zu erarbeiten, ohne dabei die Verantwortung der anderen durch die eigene zu ersetzen.

### Die Leitung unterstützt Engagement und Distanzierung gleichermaßen

Damit die Erzählung des Falleinbringenden vervollständigt werden kann, muss zur Sprache kommen können, was in Hilfesystem oder Arbeitssystem ungesagt bleibt. Deshalb werden die an einer Fallbesprechung Teilnehmenden aufgefordert, sich auf ihre emotionalen Reaktionen und Identifikationen sowie die zugrunde liegenden (Gegen-)Übertragungen einzulassen. Dieses Engagement erst ermöglicht es ihnen, sich in die Handelnden hineinzuversetzen, ihre Gefühle, Meinungen, Ansichten stellvertretend zum Ausdruck zu bringen. Dies kann sowohl mitfühlende als auch unangenehme, verletzende, aggressive, traurige Eindrücke und Impulse hervorbringen.

Aufgabe der Leitung ist es, zunächst methodisch und modellhaft die Bereitschaft zur Identifikation und zur Rollenübernahme zu unterstützen. Im weiteren Verlauf geht es dann darum, die Distanzierung zu fördern, die es den Beteiligten ermöglicht, wie von außen auf die Fallbearbeitung zu blicken. So können sie die Reinszenierung des Falles in ihrer Gruppe erkennen und zum Verständnis des Falles nutzen. Erst beides zusammen – Engagement und Distanzierung – erlaubt ein vertieftes Verständnis eines Falles.

### Ergänzen, Unterstützen, Gegensteuern statt Selbermachen

Die Leitung greift in der Regel etwas weniger ein, als die Teilnehmenden es (zumindest am Anfang) erwarten. Wir verhalten uns nach der Faustregel, sich bei allen Beiträgen zurückzuhalten, die auch von jemandem aus der Gruppe eingebracht werden könnten. Es ist wirksamer, wenn eine Beobachtung, eine Meinung, eine Rückmeldung zuerst aus der Gruppe kommt. Der Leiter kann sie dann aufgreifen und unterstützen.

Die Leitung übernimmt in erster Linie die Aufgaben, die die Gruppe (noch) nicht selbst ausfüllen kann, und schaut darauf, was in der Gruppe an Rollen, Funktionen, an Standpunkten und Sichtweisen fehlt bzw. noch nicht vertreten ist.

Wenn die Gruppe sich z. B. einig ist, wer »schuld« an den Problemen ist, wenn sie sich nur mit einer Seite der Konfliktpartner identifiziert, wenn ein Thema, ein Gefühl eher vermieden und ausgeschlossen wird, sollte die Leitung dies einbringen und damit dem Trend der Gruppe gegensteuern.

**Die nicht anwesenden Dritten nicht aus den Augen verlieren**
Der Auftrag für Fallbesprechungen geht in aller Regel von den Organisationen aus, für die die Teilnehmenden arbeiten. Sie bilden ein Eck des Dreieckskontraktes (vgl. Kap. 4) und erhoffen von Fallbesprechungen eine Sicherung oder Verbesserung der Qualität der Arbeit mit den jeweiligen Zielgruppen. Fallbesprechungen sollten darüber hinaus immer auch auf nicht anwesende Dritte und ihre Interessen ausgerichtet sein, auf Klientinnen und Patienten, auf Mitarbeiter und Kolleginnen. So wie schon gegenüber den Falleinbringenden hat die Leitung auch hier eine Art anwaltliche Funktion, dies – falls notwendig – in Erinnerung zu rufen.

## 9.2 Drei Leitungsprofile

Idealtypisch lassen sich drei Kompetenzprofile unterscheiden, die es für die Leitung von Fallbesprechungen braucht. Sie verweisen auf die beiden beruflichen Traditionen, aus denen sich Fallbesprechungen entwickelt haben (vgl. Kap. 2).

**Die Feldkompetenten**
Ausgangspunkt ist hier die jeweilige Fach- und Feldkompetenz im Umgang mit bestimmten Zielgruppen, Problemlagen und Interventionsformen. Erfahrene und spezialisierte Sozialarbeiter, Therapeutinnen, Führungskräfte, Organisationsberaterinnen bringen ihre Erfahrung und ihr Wissen in die Fallbesprechungen ein und sorgen so für die angestrebte Erweiterung der Perspektiven und Handlungsmöglichkeiten der Gruppenmitglieder. Dabei spielt es eine Rolle, welche Interpretations- und Arbeitsebenen (vgl. Kap. 8) in die Analyse einbezogen werden können und wie eng oder wie weit die Grenzen eines Feldes gezogen wer-

den. Von diesen feldkompetenten Personen erwartet man sich vor allem fachliche Unterstützung, viele Organisationen und Teams suchen sich ihre Berater nach der Leitfrage aus: Versteht die Person etwas von dem, was unseren Arbeitsalltag prägt, von unseren Aufgaben, von den Problemlagen, mit denen wir zu tun haben, von unseren Klientinnen?

#### Die Verfahrens- und Methodenkompetenten

Berater sind oft in einem oder mehreren Verfahren ausgebildet, Beratungsprozesse zu gestalten, die bei Fallbesprechungen angewendet werden können (gruppendynamisch, systemisch, psychodramatisch, analytisch, balintgruppenmethodisch etc.). Als Spezialisten für ein Verfahren können sie unter Umständen inhaltlich wenig zum einzelnen Fall beitragen, weil sie in einem bestimmten Feld noch nie gearbeitet haben. Aber sie verfügen über eine Vorgehensweise, wie und in welchen Schritten sie den Fall in der Gruppe bearbeiten können, mit dazu passenden Methoden und Fragen. Sie werden angefragt, wenn ein fremder Blick auf die eigene Arbeit geworfen werden soll oder wenn es darum geht, ein bestimmtes methodisches Vorgehen für Fallbesprechungen kennenzulernen. So gibt es Fallbesprechungsgruppen, die ausschließlich mit psychodramatischen Methoden oder mit systemischen Aufstellungen arbeiten.

#### Die Gruppenkompetenten

Nach unserem Verständnis gehört es zur Verfahrenskompetenz bei Fallbesprechungen, die Interaktionen in der Gruppe in ihrer Bedeutung für den Gruppenprozess beobachten, verstehen und benennen zu können. Erst diese gruppendynamische Kompetenz ermöglicht die Arbeit mit der Gruppe im Hier und Jetzt sowie die Arbeit an ihrer Funktionsfähigkeit und an den auftretenden Spiegelungsphänomenen. Integraler Bestandteil davon sind die Bereitschaft und die Fähigkeit, die eigene Rolle und Funktion als Leitung in und mit der Gruppe zu reflektieren.

## *9.3 Wie lernt man das?*

Die Lektüre dieses Buches trägt hoffentlich dazu bei, Fallbesprechungen leiten zu können sowie die eigene Praxis zu reflektieren und weiterzuentwickeln. Ein Ersatz für eine Aus- oder Weiterbildung, für eine supervidierte eigene Praxis und für den kollegialen Austausch kann es aber nicht sein.

Fallbesprechungen leiten lernt man aus unserer Sicht am ehesten in zertifizierten *Supervisionsausbildungen*. Während sich die jeweilige *Feldkompetenz* zunächst aus den Herkunftsberufen speist und den Bereichen, in denen man eigene Erfahrungen gesammelt hat, erlernt man in der Regel erst hier die dafür erforderliche methodische *Leitungskompetenz*. Auf dieser Basis kann man sich dann wiederum leichter in neue Felder einarbeiten. Fallbesprechungen sind dazu eine gute Lerngelegenheit, nirgendwo kann man so schnell einen neuen Arbeitsbereich kennenlernen.

Eine *gruppendynamische Kompetenz* kann man – aus unserer Sicht – am besten in gruppendynamischen Trainings entwickeln. Dort kann man unter den speziellen Bedingungen der Trainingsgruppe lernen, das Geschehen in einer Gruppe im Hier und Jetzt zu beobachten, zu verstehen und der Gruppe zur Verfügung zu stellen. Wir empfehlen daher professionellen Gruppenarbeitern insgesamt und den Leiterinnen von Fallbesprechungen im Besonderen die Auseinandersetzung mit dieser Lernform (vgl. zu dieser Art des sozialen Lernens König u. Schattenhofer 2020).

Die Leitung von Fallbesprechungen lernt man aber vor allem durch *Üben, Ausprobieren und Reflektieren*. Ziel ist es nicht, keine Fehler mehr zu machen, sondern mit Fehlern umgehen zu können. Und mit jeder weiteren Fallbesprechung lernt man als Leiter, sich nicht starr an Methoden und Ablaufplänen festzuhalten, sondern sie flexibel und fallangemessen anzuwenden.

Besonders bewährt für die Reflexion von Fallbesprechungen haben sich alle Formen der geleiteten oder ungeleiteten *kollegialen Beratung*, sei es in der Ausbildung oder danach. Solche Gruppen sind zugleich immer ein gutes Übungsfeld für das Übernehmen der Leitungsrolle. Darüber hinaus bzw. als möglicher Teil einer kollegialen Beratung empfehlen wir die *Arbeit mit Originalmaterial*, d. h. mit Tonband- oder Videomitschnitten und ihrer Transkribierung, wie wir dies in Kapitel 7 vorgeführt haben. Die durch eine Verschriftlichung geschaffene Möglichkeit, das Geschehen in einer Fallbesprechung in mehreren Durchgängen Schicht für Schicht in seiner Komplexität zu analysieren, halten wir für einzigartig.

# 10 Wirkungen

Die Auswirkung von Fallbesprechungen auf die Arbeit der professionellen Helfer mit ihren Klientinnen ist bisher wenig untersucht, es gibt nur ganz vereinzelte Studien, die die Wirkung von Supervision auf die Klienten der Supervisandinnen zum Inhalt haben. Eine dieser Studien z. B. zeigt auf, dass die Supervision der Therapeutinnen einen positiven Einfluss auf die therapeutische Arbeitsbeziehung, die Behandlungszufriedenheit der Patienten und die Reduktion ihrer Symptomatik ausübt (Möller, Diermann u. Kotte 2017). In Studien über die Wirkung von Coaching in Verbindung mit Trainingsmaßnahmen für Führungskräfte konnten Mitarbeiter und Vorgesetzte der Teilnehmenden positive Veränderungen feststellen (vgl. etwa Greif 2008, S. 213).

Eine ausführliche Studie zur Wirkung von kollegialer Beratung hat Tietze vorgelegt (2010b). In einem quasiexperimentellen Design verglich er eine Kontrollgruppe mit einer Intervisionsgruppe, die nach einer strukturierten Einführung und Übung in eigener Regie kollegiale Beratungen nach einem Leitfaden durchführte. Die Befragten hatten an einem Führungskräfteentwicklungsprogramm in einem Schweizer Unternehmen der Finanzdienstleistungsbranche teilgenommen. Im Vergleich zu einer Kontrollgruppe konnte bei den an kollegialen Beratungsgruppen Teilnehmenden eine Verringerung der beruflichen Beanspruchung festgestellt werden, sie hatten offenbar durch die Gruppenteilnahme gelernt, besser mit kognitiven und emotionalen Belastungen umzugehen. Ebenso konnte bei ihnen eine leichte Verbesserung ihres Problemlöseverhaltens, ihrer Fähigkeit, systematisch und reflektiert zu handeln, und ihrem Vermögen, andere zu motivieren und sich zu vernetzen, festgestellt werden. Alle diese Merkmale wurden anhand von Fragebogen von den Teilnehmenden selbst eingeschätzt. Die positiven Veränderungen traten bereits nach drei bis sechs kollegialen Beratungssitzungen auf.

Solche systematischen Studien fehlen in Bezug auf Fallbesprechungen in der Gruppensupervision (vgl. Tietze 2010b, S. 221).

Man kann aber annehmen, dass in der angeleiteten Fallbesprechung ähnliche Effekte auftreten. Der entscheidende Vorteil (neben anderen) ist, dass von einem – speziell dafür ausgebildeten – Supervisor geleitete Gruppen ihren Arbeitsprozess und die wechselseitigen Spiegelungen besprechen können. Geleitete Beratungsgruppen können so systematisch ihre Arbeitsfähigkeit reflektieren und weiterentwickeln. Diesen Vorteil sieht auch Tietze (ebd., S. 96).

Brigitte Hausinger hat 2006 für die Deutsche Gesellschaft für Supervision (DGSv) einen Überblick über die damals existierenden Forschungsarbeiten zur Wirkung von Supervision zusammengestellt. Es wurden 46 verschiedenen qualitative und quantitative Untersuchungen in unterschiedlichen beruflichen Feldern von Non-Profit-Organisationen (Jugendhilfe, Kindergärten, Kliniken, Kirchen, Schule, Psychiatrie, Aus- und Weiterbildung) und einigen Profit-Organisationen (Forschung, Versicherung) mit insgesamt 4700 befragten Supervisanden und Supervisandinnen erfasst. Untersucht wurden insbesondere Gruppensupervisionen, teilweise in Kombination mit Teamsupervision. In den meisten der untersuchten Supervisionsprozesse wurden Fallbesprechungen durchgeführt. Die Ergebnisse lassen sich somit auch als Aussage über die Wirkung von Fallbesprechungen interpretieren. Die Wirkungen einer längerfristigen Teilnahme an solchen Gruppensupervision ließen sich unter drei Überschriften zusammenfassen (vgl. DGSv 2006, S. 10; vgl. auch Hausinger 2008): »Entlastung«, »berufliche Kompetenz«, »Kooperation«.

## 10.1 Entlastung

Die Befragten geben an, dass Supervision in der Gruppe zu ihrer Entlastung beiträgt. Sie haben dort gelernt, besser mit beruflichen Belastungen umzugehen und sie besser regulieren zu können.

Die persönlichen Ressourcen im Umgang mit beruflichen Anforderungen werden durch Supervision gestärkt, neue Sichtweisen und erweiterte Handlungsweisen eröffnet. Die Klärung der eigenen Wirkungsmöglichkeiten und -grenzen und die Unterscheidung zwischen Einfluss der Person und Aspekten der Beziehung sowie zwischen strukturellen und institutionellen Bedingungen bilden einen Schutz vor Überlastung. In vielen Arbeitsbereichen gilt Supervision als Mittel der Wahl zur Burn-out-Prophylaxe.

## 10.2 Berufliche Kompetenz

Supervision in der Gruppe fördert und erweitert die Reflexions- und Handlungskompetenz, stärkt das fachliche Profil und die Aufgabenorientierung, befähigt dazu, »persönliche Reaktionsweisen, objektive Erkenntnisse, aktuelle Arbeitssituationen und subjektive Erfahrungen zu integrieren« (DGSv 2006), und unterstützt arbeitsfeldbezogene Lernprozesse.

## 10.3 Kooperation

Der dritte Wirkungsbereich von Gruppen- und insbesondere Teamsupervision zielt auf die Verbesserung der Kooperation zwischen den Beteiligten, die oft aus unterschiedlichen Professionen kommen und/oder unterschiedliche Ausbildungen mitbringen.

Die beschriebenen Wirkungen beruhen primär auf den Selbstaussagen der Beteiligten. Nur in wenigen Untersuchungen wurden Beobachter in die Bewertung der Wirkungen einbezogen (Kollegen, Vorgesetzte, Klienten). Mit aller gebotenen Vorsicht kann man dennoch sagen, dass Supervision insgesamt und Fallbesprechungen in Gruppen unter der Leitung von Supervisoren im Besonderen einen wichtigen Beitrag zur Entwicklung und zum Erhalt professioneller Kompetenzen sowie für die Gestaltung von helfenden Beziehungen und von Arbeitsbeziehungen leisten. Die Wirkung gilt nicht für alle Befragten in allen Gruppen gleichermaßen, es ist aber immer eine Mehrheit, die Supervision als hilfreich im genannten Sinne bewertet (vgl. Möller 2012; für Coaching Möller u. Kotte 2013, S. 247 f.).

## 10.4 Fallbesprechungen als Instrument der Sicherung und Entwicklung von Qualität

Berater, Therapeuten, Lehrer, Pädagogen oder auch Führungskräfte arbeiten oft einzeln und hinter verschlossenen Türen. Selbst in den entsprechenden Institutionen (Beratungsstellen, Schulen, Therapiezentren) bekommen die Kollegen im Arbeitsalltag nicht viel voneinander mit. In der formellen Kommunikation, bei Besprechungen und Teamsitzungen, wird über fachliche Fragen und Probleme zumeist nur allgemein gesprochen, organisatorische Fragen drängen sich in den Vordergrund. Dies geschieht trotz der häufig geführten Klage, keine Zeit für die Besprechung der eigenen Arbeit zu haben. Dahinter liegt in der Regel nicht vorrangig ein zeitliches oder organisatorisches Problem, oft wird es vermieden, die eigene Arbeit vor den anderen darzustellen und sich so dem Vergleich und der Bewertung auszusetzen. Fallbesprechungen sind oft der einzige Ort, an dem professionelle Beziehungsgestalter konkret über ihre Arbeit sprechen und die Arbeit von Kolleginnen kennenlernen können. Hier kann man sich orientieren, wie man im Vergleich zu den Kollegen dasteht, und das eigene – trotz aller Vorsicht und Furcht – grundlegende Bedürfnis befriedigen, sich mit anderen zu vergleichen. Wir halten Fallbesprechungen deshalb für einen unverzichtbaren Standard in Organisationen, die individualisierte soziale Dienstleistungen erbringen. Sie tragen entscheidend dazu bei, den Diskurs über die fachliche Qualität der Arbeit sicherzustellen.

## 10.5 Fallbesprechungen und der Nutzen für die Klienten: Sich sicher machen

Zunächst verunsichern Fallbesprechungen, weil die Falleinbringenden vor den anderen mit ihren Fragen, blinden Flecken und unvermeidlichen Verwicklungen sichtbar werden. Im Endergebnis aber führen sie zu einer größeren Sicherheit und Eindeutigkeit im eigenen Auftreten – und diese Sicherheit wirkt auf die Arbeit zurück. Wenn Falleinbringer vom weiteren Verlauf ihrer Fälle berichten, so zeigen sich oft deutliche Veränderungen und neue Entwicklungen in der Folge der Besprechung. Dies wurde noch wenig in systematischen Untersuchungen erforscht. In vielen Einzelfalldarstellungen wurden aber viele überraschende und positive Wendungen im Fallverlauf beschrieben, die auf die Fallbesprechung zurückzuführen waren. Beispielhaft sei hier noch einmal auf die ausführliche Falldarstellung von Gärtner (1999, S. 201–204) verwiesen, bei der der supervidierte Therapeut zu einem direkteren Umgang mit seiner Klientin findet und die Therapie dadurch in eine neue, für die Klientin wirksamere Phase eintritt. Solche Wirkungen ihrer Fallbesprechungen wünschen wir den Leserinnen und Lesern unseres Buches.

# Literatur


Ader, S. u. C. Schrapper (2020): Fallverstehen und sozialpädagogische Diagnostik in der Jugendhilfe. München (Reinhardt).

Althoff, M. (2020): Fallsupervision. Diskursgeschichte und Positionsbestimmung. Göttingen (Psychosozial).

Antons, K. u. M. Stützle-Hebel (Hrsg.) (2015): Feldkräfte im Hier und Jetzt. Antworten von Lewins Feldtheorie auf aktuelle Fragestellungen in Führung, Beratung und Therapie. Heidelberg (Carl-Auer).

Antons, K., A. Amann, G. Clausen, O. König, K. Schattenhofer (2004): Gruppenprozesse verstehen. Gruppendynamische Forschung und Praxis. Wiesbaden (VS – Verlag für Sozialwissenschaften), 2. Aufl.

Arbeitsgruppe Bielefelder Soziologen (1973): Alltagswissen, Interaktion und gesellschaftliche Wirklichkeit. 2 Bde. Reinbek bei Hamburg (Rowohlt).

Balint, M. (2019): Der Arzt, sein Patient und die Krankheit. Stuttgart (Klett-Cotta), 12. Aufl. [Engl. Orig. (1957): The doctor, his patient, and the illness. London (Pitman)].

Bardé, B. u. D. Mattke (1993): Therapeutische Teams. Theorie – Empirie – Klinik. Göttingen (Vandenhoeck & Ruprecht).

Belardi, N. (1994): Supervision. Von der Praxisberatung zur Organisationsentwicklung. Paderborn (Junfermann), 2. Aufl.

Belardi, N. (2020): Supervision und Coaching für soziale Arbeit, für Pflege, für Schule. Freiburg im Breisgau (Lambertus). [Neubearbeitung von: Supervision. Eine Einführung für soziale Berufe, 1996].

Berger, P. u. T. Luckmann (2013): Die gesellschaftliche Konstruktion der Wirklichkeit. Eine Theorie der Wissenssoziologie. Frankfurt a. M. (Fischer), 25. Aufl. [Amerik. Orig. 1966].

Bohnsack, R. (2021): Rekonstruktive Sozialforschung. Einführung in qualitative Methoden. Stuttgart (UTB), 10. Aufl.

Brinkmann, R. D. (2002): Intervision. Ein Trainings- und Methodenbuch für die kollegiale Beratung. Heidelberg (Sauer).

Buchholz, M. u. U. Streeck (1994): Heilen – Forschen – Interaktion. Psychotherapie und qualitative Sozialforschung. Opladen (Westdeutscher Verlag).

Buer, F. (1999): Lehrbuch der Supervision. Münster (Votum).

Buer, F. (2004): Praxis der Psychodramatischen Supervision. Ein Handbuch. Wiesbaden (VS – Verlag für Sozialwissenschaften), 2. Aufl.

DGSv – Deutsche Gesellschaft für Supervision e. V. (Redaktion: B. Hausinger) (2006): Der Nutzen von Supervision. Verzeichnis wissenschaftlicher Arbeiten. Köln (Eigenverlag).

Doppler, K. u. C. Lauterburg (2019): Change Management. Den Unternehmenswandel gestalten. Frankfurt a. M. (Campus), 14. Aufl.

Edding, C. u. K. Schattenhofer (2020): Einführung in die Teamarbeit. Heidelberg (Carl-Auer), 3. Aufl.

Feltham, C. u. W. Dryden (2002): Grundregeln der Supervision. Ein Lehr- und Praxisbuch. Weinheim/Basel (Beltz).

Franz, H.-W. u. R. Koop (2010): Kollegiale Fallberatung. State oft the Art und organisationale Praxis. Bergisch Gladbach (EHP), 2. Aufl.

Gaertner, A. (1999): Gruppensupervision. Theoriegeschichtliche und fallanalytische Untersuchungen. Tübingen (Diskord).

Giesecke, M. u. K. Rappe-Giesecke (1997): Supervision als Medium kommunikativer Sozialforschung. Die Integration von Selbsterfahrung und distanzierter Betrachtung in der Beratung und Wissenschaft. Frankfurt a. M. (Suhrkamp).

Greif, S. (2008): Coaching und ergebnisorientierte Selbstreflexion. Göttingen (Hogrefe).

Haubl, R., G. Voß u. B. Hausinger (2013): Riskante Arbeitswelten. Zu den Auswirkungen moderner Beschäftigungsverhältnisse auf die psychische Gesundheit und die Arbeitsqualität. Frankfurt a. M. (Campus).

Hausinger, B. (2008): Supervision. Organisation – Arbeit – Ökonomisierung. Zur Gleichzeitigkeit des Ungleichzeitigen in der Arbeitswelt. Mering (Rainer Hampp).

Helfferich, C. (2021): Die Qualität qualitativer Daten. Manual für die Durchführung qualitativer Interviews. Ein Lehrbuch. Wiesbaden (VS – Verlag für Sozialwissenschaften), 5. Aufl.

Hildenbrand, B. (2020): Einführung in die Genogrammarbeit. Heidelberg (Carl-Auer), 5. Aufl.

König, O. (2004): Familienwelten. Theorie und Praxis von Familienaufstellungen. Stuttgart (Klett-Cotta).

König, O. (2007): Aufstellungsarbeit zwischen Supervision, Beratung, Therapie und Ideologie. In: O. König: Gruppendynamik und die Professionalisierung psychosozialer Berufe. Heidelberg (Carl-Auer), S. 150–176.

König, O. u. K. Schattenhofer (2020): Einführung in die Gruppendynamik. Heidelberg (Carl-Auer), 10. Aufl.

Königswieser, R. u. M. Hillebrand (2019): Einführung in die systemische Organisationsberatung. Heidelberg (Carl-Auer), 10. Aufl.

Kühl, S. (2020): Organisationen. Eine sehr kurze Einführung. Wiesbaden (VS –Verlag für Sozialwissenschaften), 2. Aufl.

Lehmenkühler-Leuschner, A. (1993): Professionelles Handeln und Supervision. Eine Einführung in professionssoziologische Grundlagen. *Forum Supervision* 1 (2): 8–34.

Levold, T. u. M. Wirsching (2020): Systemische Therapie und Beratung – das große Lehrbuch. Heidelberg (Carl-Auer), 3. Aufl.

Lippmann, E. (2013): Intervision. Kollegiales Coaching professionell gestalten. Berlin (Springer), 3. Aufl.

Loer, T. (2013): Auxilium auxiliorum. Zu einem professionalisierungstheoretisch fundierten Verständnis von Supervision. *Supervision* 31 (2): 8–19.

Martin, E. u. U. Wawrinowski (2014): Beobachtungslehre. Theorie und Praxis reflektierter Beobachtung und Beurteilung. Weinheim/Basel (Beltz Juventa), 6. Aufl.

Mattke, D. (2006): Gruppensupervision als Ort beruflicher Rollenfindung und Professionalisierung von Gruppenpsychotherapeuten. *Gruppenpsychotherapie und Gruppendynamik* 42 (1) (= Themenheft »Gruppensupervision als Ort der beruflichen Rollenfindung und Professionalisierung«): 23–38.

Mayring, P. (2016): Einführung in die qualitative Sozialforschung. Weinheim/Basel (Beltz), 6. Aufl.

McGoldrick, M. u. R. Gerson (2016): Genogramme in der Familienberatung. Göttingen (Hogreve), 4. Aufl.

Möller, H. (2012): Was ist gute Supervision? Grundlagen. Merkmale. Methoden. Kassel (Kassel Univ. Press).

Möller, H. u. S. Kotte (2013): Diagnostik im Coaching. Grundlagen, Analyseebenen, Praxisbeispiele. Berlin/Heidelberg (Springer).

Möller, H., J. Diermann u. S. Kotte (2017): Zum Stand der Forschung in der klinischen Supervision. In: M. Lohmer u. H. Möller (Hrsg.): Supervision in der Psychotherapie. Stuttgart (Kohlhammer), S. 89–103.

Moser, H. (1978): Aktionsforschung als kritische Theorie der Sozialwissenschaften. München (Kösel).

Müller C. W. (2013): Wie Helfen zum Beruf wurde. Eine Methodengeschichte der sozialen Arbeit. Weinheim/Basel (Beltz Juventa), 6. Aufl.

Mutzek, W. (2014): Kooperative Beratung. Grundlagen, Methoden, Training, Effektivität. Weinheim (Beltz), 7. Aufl.

Oberhoff, B. (2017): Übertragung und Gegenübertragung in der Supervision. Theorie und Praxis. Münster (Daedalus), 6. Aufl.

Obermeyer, K. u. H. Pühl (2015): Teamcoaching und Teamsupervision. Praxis der Teamentwicklung in Organisationen. Göttingen (Vandenhoeck & Ruprecht).

Pantucek, P. (2012): Soziale Diagnostik. Verfahren für die Praxis Sozialer Arbeit. Wien/Köln/Weimar (Böhlau), 3. Aufl.

Petzold, H. (1984): Vorüberlegungen und Konzepte zu einer integrativen Persönlichkeitstheorie. *Integrative Therapie. Zeitschrift für Verfahren humanistischer Psychologie und Pädagogik* 6 (1–2): 73–115.

Petzold, H. (2007): Anonymisierung und Schweigepflicht in supervisorischen Prozessen – ein methodisches, ethisches, klinisches und juristisches Problem. In: H. Petzold: Integrative Supervision, Meta-Consulting, Organisationsentwicklung. Ein Handbuch für Modelle und Methoden reflexiver Praxis. Wiesbaden (VS – Verlag für Sozialwissenschaften), 2. Aufl., S. 159–175.

Rappe-Giesecke, K. (2009): Supervision für Gruppen und Teams. Heidelberg (Springer), 4. Aufl.

Richmond, M. (1917): Social diagnosis. New York (Sage).

Sader, M. (2008): Psychologie der Gruppe. Weinheim (Beltz Juventa), 9. Aufl.

Salomon, A. (1926): Soziale Diagnose. Die Wohlfahrtspflege in Einzeldarstellungen. Berlin (Heymann).

Schäfers, B. (1999) (Hrsg.): Einführung in die Gruppensoziologie. Wiesbaden (Quelle und Meyer), 3. Aufl.

Schattenhofer, K. (2004): Grunddilemmata der Gruppendynamik am Beispiel der Forschungsgruppe und ihrer Untersuchungsmethoden. In: K. Antons u. a. (2004): a. a. O., S. 281–292.

Schlee, J. (2019): Kollegiale Beratung und Supervision für pädagogische Berufe. Hilfe zur Selbsthilfe. Ein Arbeitsbuch. Stuttgart (Kohlhammer), 4. Aufl.

Schmid, B., T. Veith u. I. Weidner (2019): Einführung in die kollegiale Beratung. Heidelberg (Carl-Auer), 3. Aufl.

Tietze, K.-O. (2010a): Kollegiale Beratung. Problemlösungen gemeinsam entwickeln. Reinbek bei Hamburg (Rowohlt), 4. Aufl.

Tietze, K.-O. (2010b): Wirkprozesse und personenbezogene Wirkungen von kollegialer Beratung. Theoretische Entwürfe und empirische Forschung. Wiesbaden (VS – Verlag für Sozialwissenschaften).

Weigand, W. (2015): Die Gruppe als Resonanzraum und Mittel der Beratung. In: C. Edding u. K. Schattenhofer (Hrsg.): Alles über Gruppe. Theorie, Anwendung, Praxis. Weinheim/Basel (Beltz), 2. Aufl., S. 209–257.

Wensierki, H.-J. (1997): Verstehende Sozialpädagogik. Zur Geschichte und Entwicklung qualitativer Forschung im Kontext der Sozialen Arbeit. In: H.-J. Wensierski. u. G. Jakob (Hrsg.): Rekonstruktive Sozialpädagogik. Konzepte und Methoden sozialpädagogischen Verstehens in Forschung und Praxis. Weinheim/München (Juventa), S. 77–124.

## Über die Autoren

© Konrad Gös

*Oliver König,* Dr. phil. habil.; Studium der Pädagogik, Soziologie und Psychologie; Promotion in Soziologie; Habilitation in angewandter Sozialwissenschaft. Trainer für Gruppendynamik in der Deutschen Gesellschaft für Gruppendynamik und Organisationsdynamik (DGGO), Supervisor (Deutsche Gesellschaft für Supervision und Coaching – DGSv) und Lehrsupervisor, Heilpraktiker (Psychotherapie). Tätigkeit in eigener Praxis in Supervision, Beratung, Training und in der Lehre. Mitglied im Editorial Board der Zeitschrift *Familiendynamik*.

Kontakt: *oliverkoenig-homepage.de*

*Karl Schattenhofer,* Dr. phil., Dipl.-Psych.; Trainer für Gruppendynamik in der Deutschen Gesellschaft für Gruppendynamik und Organisationsdynamik (DGGO), Supervisor (Deutsche Gesellschaft für Supervision und Coaching – DGSv) und Lehrsupervisor, psychologischer Psychotherapeut. Trainer und Berater in freier Praxis für Profit- und Non-Profit-Organisationen; Lehraufträge an Hochschulen. Leiter von TOPS München-Berlin e. V.

Kontakt: *www.tops-ev.de*